Geschenke aus der Küche

Dr. Oetker

Geschenke
aus der Küche

Weltbild

Vorwort

Geschenke aus der eigenen Küche machen nicht nur Eindruck, sondern zeigen einmal mehr, wie kreativ Sie sind.
Kleine Küchenideen, liebevoll verpackt, sind schon etwas ganz Besonderes, und Sie werden bei dem Beschenkten einen bleibenden Eindruck hinterlassen.
Damit Sie die richtige Idee für jeden Anlass bekommen, haben wir feines Gebäck und zartes Konfekt, fruchtige Konfitüren mit außergewöhnlichen Likören kombiniert. Pikante Genüsse vervollständigen die köstlichen Mitbringsel.
Praktische Dekoideen machen aus den selbst gemachten Köstlichkeiten einzigartige Geschenke.

Glücksschwein-Torte

Zubereitungszeit: 1 Stunde, ohne Abkühlzeit I Backzeit: etwa 1 Stunde

Insgesamt: E: 137 g, F: 472 g, Kh: 949 g, kJ: 36984, kcal: 8835 I Für Kinder – etwas aufwändiger

Zutaten

Für den Rührteig:

350 g weiche Butter

250 g Zucker

1 Pck. Dr. Oetker Vanillin-Zucker

1 Pck. Dr. Oetker Finesse Natürliches Orangenschalen-Aroma

6 Eier (Größe M)

350 g Weizenmehl

50 g Speisestärke

2 gestr. TL Dr. Oetker Backin

3 EL Aprikosenkonfitüre

Zum Garnieren und Verzieren:

400 g Marzipan-Rohmasse

200 g gesiebter Puderzucker

grüne, gelbe und rote Speisefarbe

1 EL Wasser

1 TL Kakaopulver

braune Zuckerschrift

Zubereitung

1 Den Backofen vorheizen.
Ober-/Unterhitze: etwa 180 °C, Heißluft: etwa 160 °C

2 Für den Teig Butter mit Handrührgerät mit Rührbesen auf höchster Stufe geschmeidig rühren. Nach und nach Zucker, Vanillin-Zucker und Aroma unterrühren. So lange rühren, bis eine gebundene Masse entstanden ist. Eier nach und nach unterrühren (jedes Ei etwa ½ Minute).

3 Mehl mit Speisestärke und Backpulver mischen und in 2 Portionen auf mittlerer Stufe unterrühren. Den Teig in eine Springform (Ø 26 cm, Boden gefettet) füllen und glatt streichen. Die Form auf dem Rost in den vorgeheizten Backofen schieben.
Backzeit: etwa 1 Stunde.

4 Den Boden aus der Form lösen, auf einen Kuchenrost stürzen und erkalten lassen. Anschließend Konfitüre durch ein Sieb streichen und den erkalteten Kuchen vollständig damit bestreichen.

5 Zum Garnieren Marzipan-Rohmasse mit 100 g Puderzucker verkneten. Gut die Hälfte des Marzipans dann mit grüner, ein walnussgroßes Stück mit gelber und den Rest mit roter Speisefarbe einfärben.

6 Die Hälfte des grünen Marzipans zu einer Kugel formen, zwischen 2 Lagen Frischhaltefolie zu einer Platte in Größe des Kuchens ausrollen, auf die Kuchenoberfläche legen und leicht andrücken. Das restliche grüne Marzipan zu einer Rolle formen und zwischen zwei Lagen Frischhaltefolie zu einem Streifen ausrollen (Länge = Umfang des Kuchens, Breite = Höhe des Kuchens + 1 cm). Den Streifen aufrollen, am Kuchenrand ansetzen und abrollen, dabei leicht andrücken. Den überstehenden Rand mit einer Schere einschneiden, sodass er wie „Rasen“ aussieht.

7 Die restlichen 100 g Puderzucker mit Wasser und Kakao zu einer zähen Masse verrühren und als „Matschloch“ in die Mitte des Kuchens geben. Aus dem rosafarbenen Marzipan Schweinchen formen, mit Zuckerschrift Augen aufmalen und die Schweinchen auf der Torte verteilen. Aus dem gelben Marzipan und den rosa und grünen Resten kleine Blumen und Rasen formen und die Torte damit garnieren.

Erdbeer-Käfer-Torte

Zubereitungszeit: 50 Minuten, ohne Abkühlzeit I Backzeit: etwa 30 Minuten

Insgesamt: E: 75 g, F: 347 g, Kh: 338 g, kJ: 20712, kcal: 4948 I Beliebt

Zutaten

Für den Schüttelteig:

150 g Butter

150 g Weizenmehl

3 gestr. TL Dr. Oetker Backin

1 Pck. Saucenpulver Vanille-Geschmack

100 g Zucker

4 Eier (Größe M)

Für den Belag:

250 g frische oder TK-Erdbeeren

1 EL Zucker

1 Pck. Tortenguss, rot

Für die Mohnsahne:

500 g Schlagsahne

1 Pck. Dr. Oetker Sahnesteif

1 Pck. Dr. Oetker Finesse Bourbon-Vanille-Aroma

2 TL Puderzucker

2–3 EL Mohnsamen

Zum Garnieren:

250 g frische Erdbeeren

Zum Verzieren:

50 g Halbbitter-Kuvertüre

fein gehackte Pistazienkerne

Zubereitung

1 Für den Teig Butter zerlassen und abkühlen lassen. Den Backofen vorheizen.
Ober-/Unterhitze: etwa 180 °C, Heißluft: etwa 160 °C

2 Mehl mit Backpulver und Saucenpulver mischen, in eine verschließbare Schüssel (3 l) sieben und mit Zucker vermengen. Eier und flüssige Butter hinzufügen. Schüssel mit dem Deckel fest verschließen.

3 Schüssel mehrmals (insgesamt 15–30 Sekunden) kräftig schütteln, sodass alle Zutaten gut vermischt sind. Alles mit einem Schneebesen oder Rührlöffel nochmals sorgfältig durchrühren, damit trockene Zutaten vom Rand mit untergerührt werden. Den Teig in eine Springform (Ø 26 cm, Boden gefettet) füllen und glatt streichen. Die Form auf dem Rost in den vorgeheizten Backofen schieben.
Backzeit: etwa 30 Minuten.

4 Den Tortenboden aus der Form lösen und auf einem mit Backpapier belegten Kuchenrost erkalten lassen.

5 Für den Belag Erdbeeren waschen, abtropfen lassen, entstielen (TK-Erdbeeren auftauen lassen) und pürieren. Erdbeerpüree in einen Topf geben, gut mit Zucker und Tortengusspulver verrühren und unter Rühren kurz aufkochen lassen. Die Erdbeermasse auf dem Tortenboden verteilen und erkalten lassen.

6 Für die Mohnsahne Sahne mit Sahnesteif, Aroma und Puderzucker steif schlagen. Mohnsamen unterheben. Die Mohnsahne in einen Spritzbeutel mit Lochtülle füllen und Sahnetuffs auf die Erdbeermasse spritzen.

7 Zum Garnieren Erdbeeren waschen, abtropfen lassen und entstielen. Große Erdbeeren halbieren.

8 Zum Verzieren Kuvertüre in kleine Stücke hacken, in einem kleinen Topf im Wasserbad bei schwacher Hitze geschmeidig rühren, in einen Gefrierbeutel füllen und eine kleine Ecke abschneiden. Mit dem Gefrierbeutel „Augen“ und „Flügel“ auf die Erdbeerhälften spritzen. Diese „Käfer“ auf die Sahnetuffs setzen. Sahnetuffs mit Pistazienkernen bestreuen.

Gute-Wünsche-Torte

Zubereitungszeit: 1 Stunde, ohne Abkühlzeit | Backzeit: 25–30 Minuten
Insgesamt: E: 94 g, F: 386 g, Kh: 605 g, kJ: 26226, kcal: 6253 | Fruchtig

Zutaten

Für den Rührteig:

150 g kandierte Ananasstücke

200 g weiche Butter oder Margarine

100 g Zucker

1 Pck. Dr. Oetker Vanillin-Zucker

4 Eier (Größe M)

200 g Weizenmehl

2 gestr. TL Dr. Oetker Backin

1 Pck. (75 g) Schokotröpfchen

Für den Belag:

40 g Speisestärke

4 EL Milch

2 Eier (Größe M)

400 g Naturjoghurt

120 g weiches Kokosfett

50 g Puderzucker

Zum Verzieren und Garnieren:

rote Zuckerschrift

etwa 28 hauchdünne Schokotäfelchen

einige kandierte Ananasstücke

Zubereitung

1 Den Backofen vorheizen.
Ober-/Unterhitze: etwa 180 °C, Heißluft: etwa 160 °C

2 Für den Rührteig Ananasstücke fein hacken. Butter oder Margarine mit Handrührgerät mit Rührbesen auf höchster Stufe geschmeidig rühren. Nach und nach Zucker und Vanillin-Zucker unterrühren. So lange rühren, bis eine gebundene Masse entstanden ist. Eier nach und nach unterrühren (jedes Ei etwa ½ Minute).

3 Mehl mit Backpulver mischen und in 2 Portionen auf mittlerer Stufe unterrühren. Vorbereitete Ananasstücke und Schokotröpfchen ebenfalls kurz unterrühren. Den Teig in eine Springform (Ø 26 cm, Boden gefettet) füllen und glatt streichen. Die Form auf dem Rost in den vorgeheizten Backofen schieben.
Backzeit: 25–30 Minuten.

4 Den Boden aus der Form lösen, auf einen Kuchenrost legen und darauf erkalten lassen.

5 Für den Belag Speisestärke mit Milch und Eiern in einem Topf verquirlen. Joghurt unterrühren und alles unter Rühren aufkochen lassen. Frischhaltefolie direkt auf den Joghurtpudding legen, damit sich keine Haut bildet, und den Pudding erkalten lassen (nicht kalt stellen).

6 Kokosfett und Puderzucker mit Handrührgerät mit Rührbesen schaumig rühren und den abgekühlten Pudding nach und nach unterrühren, dabei darauf achten, dass Pudding und Kokosfett Zimmertemperatur haben.

7 Den Boden auf eine Tortenplatte legen und rundherum mit der Puddingcreme einstreichen. In die Tortenoberfläche mit einem Tortenkamm oder einer Gabel ein spiralförmiges Muster ziehen. Torte kalt stellen und fest werden lassen.

8 Zum Verzieren und Garnieren mit Zuckerschrift gute Wünsche auf etwa 18 Schokotäfelchen schreiben und die Täfelchen rundherum an den Tortenrand drücken. Ananasstücke in Scheiben schneiden, übrige Schokotäfelchen in Stücke brechen und die Torte mit Ananasstücken und Schokostücken garnieren.

viel Freude
Viel Glück
Alles Gute

Valentinstags-Torte

Zubereitungszeit: 50 Minuten, ohne Abkühlzeit | Backzeit: 55–60 Minuten
Insgesamt: E: 94 g, F: 386 g, Kh: 605 g, kJ: 26226, kcal: 6253 | Raffiniert

Zutaten

Für den Rührteig:

375 g weiche Butter oder Margarine

300 g Zucker

1 Pck. Dr. Oetker Vanillin-Zucker

6 Eier (Größe M)

350 g Weizenmehl

1 Pck. Dr. Oetker Backin

200 g gemahlene Haselnusskerne

100 g Raspelschokolade

Zum Bestreichen:

150 g Aprikosenkonfitüre

Zum Garnieren:

100 g Marzipan-Rohmasse

30 g gesiebter Puderzucker

rote Speisefarbe

Für den Guss:

3 Pck. (je 100 g) Vanille- oder Zitronen-Kuchenglasur

Zubereitung

1. Den Backofen vorheizen.
Ober-/Unterhitze: etwa 180 °C, Heißluft: etwa 160 °C

2. Für den Teig Butter oder Margarine mit Handrührgerät mit Rührbesen auf höchster Stufe geschmeidig rühren. Nach und nach Zucker und Vanillin-Zucker unterrühren. So lange rühren, bis eine gebundene Masse entstanden ist. Eier nach und nach unterrühren (jedes Ei etwa ½ Minute).

3. Mehl mit Backpulver mischen und auf mittlerer Stufe unterrühren. Nusskerne und Raspelschokolade ebenfalls kurz unterrühren. Den Teig gleich hoch in 3 Springformen (Ø 26, 22 und 18 cm, Böden gefettet, mit Backpapier belegt) verteilen und glatt streichen. Die große Form auf dem Rost in den vorgeheizten Backofen schieben.
Backzeit: etwa 30 Minuten.

4. Die große Form aus dem Backofen nehmen und auf einen Kuchenrost stellen. Die kleinen Formen nebeneinander in den Backofen schieben und bei gleicher Backofeneinstellung 25–30 Minuten backen. Alle Böden etwa 10 Minuten in der Form stehen lassen, dann aus der Form lösen, auf Kuchenroste stürzen und erkalten lassen. Anschließend Backpapier abziehen.

5. Zum Bestreichen Konfitüre durch ein Sieb streichen, die Unterseiten des kleinen und mittleren Bodens damit bestreichen und die 3 Böden zu einer Torte zusammensetzen. Zum Garnieren Marzipan mit Puderzucker verkneten und in 3 Teile teilen. Die Teile mit unterschiedlich viel Speisefarbe einfärben, sodass die Teile 3 verschiedene Rottöne haben, und jedes Marzipanteil zwischen 2 Lagen Frischhaltefolie ausrollen. Herzen in verschiedenen Größen ausstechen und beiseitelegen.

6. Für den Guss Kuchenglasur nach Packungsanleitung auflösen und die Böden mit einer Palette oder einem Tafelmesser vollständig damit überziehen. Die Marzipanherzen auf dem noch leicht feuchten Guss üppig auf der Torte verteilen und den Guss fest werden lassen.

Tipp

Nach Belieben Grüße auf buntes Papier schreiben, auf Stäbchen stecken und die Torte damit garnieren.
Die Torte kann z. B. mit Stäbchenkerzen als Geburtstagstorte oder mit einem Brautpaar als Hochzeitstorte dekoriert werden.

liebe Dich....
Amore....
love

Kleeblatt-Torte

Zubereitungszeit: 45 Minuten, ohne Abkühlzeit | Backzeit: etwa 30 Minuten

Insgesamt: E: 37 g, F: 72 g, Kh: 691 g, kJ: 15366, kcal: 3669 | Für Gäste – mit Alkohol

Zutaten

Für den Biskuitteig:

4 Eier (Größe M)

4 EL heißes Wasser

150 g Zucker

1 Pck. Dr. Oetker Vanillin-Zucker

100 g Weizenmehl

100 g Speisestärke

3 gestr. TL Dr. Oetker Backin

Zum Beträufeln:

3 EL Sherry (medium)

Zum Bestreichen:

5 EL Aprikosenkonfitüre

Für die Marzipandecke:

200 g Marzipan-Rohmasse

75 g gesiebter Puderzucker

grüne Speisefarbe

Für den Guss:

125 g Puderzucker

etwa 2 EL Zitronensaft

grüne Speisefarbe

Zum Garnieren:

bunte Zuckerperlen

Schoko-Marienkäfer

Zubereitung

1 Den Backofen vorheizen.
Ober-/Unterhitze: etwa 180 °C, Heißluft: etwa 160 °C

2 Für den Teig Eier und Wasser mit Handrührgerät mit Rührbesen auf höchster Stufe in 1 Minute schaumig schlagen. Zucker und Vanillin-Zucker mischen, in 1 Minute einstreuen, dann noch 2 Minuten weiterschlagen.

3 Mehl mit Speisestärke und Backpulver mischen, in 2 Portionen auf die Eiercreme geben und kurz auf niedrigster Stufe unterrühren. Den Teig in eine Springform (Ø 28 cm, Boden gefettet, mit Backpapier belegt) füllen und glatt streichen. Die Form auf dem Rost in den vorgeheizten Backofen schieben.
Backzeit: etwa 30 Minuten.

4 Den Boden aus der Form lösen, auf einen mit Backpapier belegten Kuchenrost stürzen und erkalten lassen. Anschließend mitgebackenes Backpapier abziehen und den Boden einmal waagerecht durchschneiden. Eine Kleeblatt-Schablone aus Pappe auf den Boden legen und den Boden danach ausschneiden.

5 Für die Füllung den unteren Boden mit Sherry beträufeln und mit 2 Esslöffeln Konfitüre bestreichen. Den oberen Boden darauflegen, leicht andrücken und den Kuchen rundherum mit der restlichen Konfitüre bestreichen.

6 Für die Marzipandecke Marzipan-Rohmasse mit Puderzucker und Speisefarbe verkneten. Marzipan auf einer mit Puderzucker bestäubten Arbeitsfläche zu einer Platte ausrollen, die Kleeblatt-Schablone darauflegen und danach die Decke ausschneiden. Die Decke auf die Torte legen und leicht andrücken.

7 Für den Guss Puderzucker mit Zitronensaft und grüner Speisefarbe zu einer dickflüssigen Masse verrühren. Den Tortenrand damit bestreichen und sofort mit Zuckerstreuseln bestreuen. Nach Belieben mit restlichem Guss Verzierungen auf die Tortenoberfläche spritzen und mit Zuckerperlen bestreuen. Die Torte mit Schoko-Marienkäfern garnieren.

Tipp

Anstelle von Sherry können Sie für eine alkoholfreie Variante auch Orangensaft verwenden. Zur Verwertung der Bodenreste diese zerbröseln, mit Sherry oder Orangensaft vermengen und die Masse als Füllung auf dem unteren Boden verteilen, bevor die Konfitüre aufgestrichen wird.

FRANKONIA

Glückspilz-Käsekuchen

Zubereitungszeit: 40 Minuten, ohne Abkühlzeit | Backzeit: etwa 75 Minuten

Insgesamt: E: 160 g, F: 181 g, Kh: 495 g, kJ: 17985, kcal: 4292 | Beliebt

Zutaten

Für den Knetteig:

150 g Weizenmehl

1 gestr. TL Dr. Oetker Backin

50 g Zucker

1 Pck. Dr. Oetker Vanillin-Zucker

1 Ei (Größe M)

75 g Butter oder Margarine

1 EL Weizenmehl für den Rand

Für den Belag:

1 Glas Sauerkirschen (Abtropfgewicht 175 g)

750 g Magerquark

150 g Zucker

1 Pck. Dr. Oetker Vanillin-Zucker

3 Eigelb (Größe M)

1 Pck. Dr. Oetker Finesse Geriebene Zitronenschale

100 g Schlagsahne

150 ml Milch

1 Pck. Dr. Oetker Pudding-Pulver Vanille-Geschmack

3 Eiweiß (Größe M)

Zum Garnieren und Verzieren:

15 g Speisestärke

150 ml Kirschsaft aus dem Glas

1 EL Zucker

150 g Schlagsahne

Zubereitung

1 Den Backofen vorheizen.
Ober-/Unterhitze: etwa 180 °C, Heißluft: etwa 160 °C

2 Für den Teig Mehl mit Backpulver in einer Rührschüssel mischen. Restliche Zutaten hinzufügen und mit Handrührgerät mit Knethaken zunächst kurz auf niedrigster, dann auf höchster Stufe gut durcharbeiten. Anschließend auf der leicht bemehlten Arbeitsfläche kurz zu einem Teig verkneten. Zwei Drittel des Teiges auf dem Boden einer Springform (Ø 26 cm, gefettet) ausrollen. Springformrand darumstellen. Teigboden mehrfach mit einer Gabel einstechen, die Form auf dem Rost in den vorgeheizten Backofen schieben und den Boden hellbraun vorbacken.
Backzeit: etwa 15 Minuten.

3 In der Zwischenzeit für den Belag Kirschen auf einem Sieb gut abtropfen lassen, Saft dabei auffangen und beiseitestellen. Quark mit Zucker, Vanillin-Zucker, Eigelb, Zitronenschale, Schlagsahne und Milch verrühren und zuletzt Pudding-Pulver unterrühren. Eiweiß sehr steif schlagen und unter die Quarkmasse heben.

4 Unter den restlichen Knetteig 1 Esslöffel Mehl kneten und den Teig zu einer langen Rolle formen. Rolle an den Springformrand des vorgebackenen Bodens legen und zu einem etwa 4 cm hohen Rand andrücken. Kirschen auf dem vorgebackenen Boden verteilen und die Quarkmasse darauf glatt streichen. Die Form wieder in den Backofen schieben und den Kuchen bei gleicher Backofeneinstellung etwa 60 Minuten fertig backen.

5 Den Kuchen etwa 15 Minuten im ausgeschalteten Backofen stehen lassen, dann auf einen Kuchenrost stellen und in der Form erkalten lassen. Anschließend den Boden aus der Form lösen.

6 Zum Garnieren Speisestärke mit etwas Kirschsaft verrühren, restlichen Kirschsaft mit Zucker zum Kochen bringen, angerührte Stärke einrühren und aufkochen lassen. Die Masse in Form eines Halbkreises auf die Tortenoberfläche streichen und erkalten lassen. Sahne steif schlagen und in einen Spritzbeutel mit kleiner Lochtülle füllen. Den Halbkreis damit umranden, einen Pilzstiel darunterspritzen und den Halbkreis mit Sahnetupfen verzieren.

Tipp

Der Käsekuchen kann gut am Vortag zubereitet werden, Fliegenpilz jedoch erst am Serviertag aufspritzen.

Glücksbotenpost

Zubereitungszeit: 40 Minuten, ohne Abkühlzeit | Backzeit: etwa 75 Minuten

Insgesamt: E: 136 g, F: 302 g, Kh: 523 g, kJ: 22488, kcal: 5373 | Gut vorzubereiten

Zutaten

Für den Schüttelteig:

125 g Butter oder Margarine

200 g Weizenmehl

50 g Speisestärke

3 gestr. TL Dr. Oetker Backin

150 g Zucker

3 Eier (Größe M)

150 ml Orangensaft

Für den Belag:

6 Blatt weiße Gelatine

500 g Magerquark

100 g Zucker

100 ml Orangensaft

1 Pck. Dr. Oetker Finesse Natürliches Orangenschalen-Aroma

500 g Schlagsahne

Zum Verzieren und Garnieren:

50 g Halbbitter-Kuvertüre

nach Belieben einige Schoko-Dekor-Herzen

Zuckerkonfetti

Zubereitung

1 Für den Teig Butter oder Margarine zerlassen und abkühlen lassen.
Den Backofen vorheizen.
Ober-/Unterhitze: etwa 200 °C, Heißluft: etwa 180 °C

2 Mehl mit Speisestärke, Backpulver und Zucker in einer verschließbaren Schüssel (etwa 3 l) mischen. Eier, Orangensaft und flüssige Butter oder Margarine hinzufügen und die Schüssel mit dem Deckel fest verschließen. Schüssel mehrmals kräftig schütteln (insgesamt 15–30 Sekunden), sodass alle Zutaten gut vermischt sind.

3 Alles mit einem Schneebesen oder Rührlöffel nochmals sorgfältig durchrühren, damit trockene Zutaten vom Rand mit untergerührt werden. Einen Backrahmen (30 x 25 cm) auf ein mit Backpapier belegtes Backblech stellen. Teig einfüllen, glatt streichen und das Backblech in den vorgeheizten Backofen schieben.
Backzeit: etwa 20 Minuten.

4 Den Boden auf dem Backblech auf einem Kuchenrost erkalten lassen. Anschließend den Boden aus dem Backrahmen lösen und einen 10 cm breiten Streifen abschneiden, sodass ein Rechteck (25 x 20 cm) entsteht. Den Streifen so halbieren, dass 2 Stücke von 10 x 12,5 cm entstehen.

5 Für den Belag Gelatine nach Packungsanleitung einweichen. Quark mit Zucker, Orangensaft und Aroma in einer Schüssel verrühren. Gelatine leicht ausdrücken, in einem Topf bei schwacher Hitze auflösen und zunächst mit etwas von der Quarkcreme verrühren, dann unter die restliche Quarkcreme geben. Sobald die Masse beginnt, dicklich zu werden, Sahne steif schlagen und unterheben.

6 Den großen Boden auf eine Platte legen und mit zwei Dritteln der Creme bestreichen, dabei die Ränder mit bestreichen. Die Torte kalt stellen und fest werden lassen. Die beiden kleinen Stücke auf Backpapier mit etwas Creme aneinanderkleben, sodass ein Rechteck (12,5 x 20 cm) entsteht. Oberfläche und Rand dünn mit der restlichen Creme bestreichen und ebenfalls kalt stellen.

7 Zum Verzieren und Garnieren Kuvertüre in Stücke hacken, in einem kleinen Topf im Wasserbad bei schwacher Hitze geschmeidig rühren und in einen Gefrierbeutel geben. Eine kleine Ecke abschneiden und die Umrisse eines großen Briefumschlages auf das große Rechteck spritzen. Das kleine Rechteck hineinlegen und eine kurze Nachricht darauf schreiben. Nach Belieben den „Brief" mit Schoko-Herzen und Zuckerkonfetti garnieren.

Viel Glück
zur Prüfung

Hufeisentorte

Zubereitungszeit: 40 Minuten, ohne Abkühlzeit | Backzeit: etwa 25 Minuten
Insgesamt: E: 76 g, F: 319 g, Kh: 555 g, kJ: 23515, kcal: 5617 | Für Gäste

Zutaten

Für den Rührteig:

125 g weiche Butter oder Margarine

150 g Zucker

1 Pck. Dr. Oetker Vanillin-Zucker

½ Fläschchen Zitronen-Aroma

3 Eier (Größe M)

200 g Weizenmehl

2 gestr. TL Dr. Oetker Backin

Für die Füllung:

150 g Pfefferminztaler

150 g Naturjoghurt (10 % Fett)

4 Blatt weiße Gelatine

200 g Schlagsahne

etwa 2 EL Zitronengelee

Zum Bestreichen:

200 g Schlagsahne

1 Pck. Dr. Oetker Sahnesteif

1 TL Zucker

etwas grüne Speisefarbe

Zum Garnieren:

100 g Marzipan-Rohmasse

20 g gesiebter Puderzucker

grüne und rote Speisefarbe

Zubereitung

1. Den Backofen vorheizen.
Ober-/Unterhitze: etwa 180 °C, Heißluft: etwa 160 °C

2. Für den Teig Butter oder Margarine mit Handrührgerät mit Rührbesen auf höchster Stufe geschmeidig rühren. Nach und nach Zucker, Vanillin-Zucker und Aroma unterrühren. So lange rühren, bis eine gebundene Masse entstanden ist. Eier nach und nach unterrühren (jedes Ei etwa ½ Minute). Mehl mit Backpulver mischen und in 2 Portionen auf mittlerer Stufe unterrühren. Den Teig in eine Kranzform (Ø 24 cm, gut gefettet) füllen und auf dem Rost in den vorgeheizten Backofen schieben.
Backzeit: etwa 25 Minuten.

3. Den Kuchen 10 Minuten in der Form stehen lassen, dann aus der Form lösen, auf einen mit Backpapier belegten Kuchenrost stürzen und erkalten lassen. Aus dem Kranz ein Viertel herausschneiden, sodass ein Hufeisen entsteht, das herausgeschnittene Stück zerbröseln und beiseitestellen. Das Hufeisen zweimal waagerecht durchschneiden.

4. Für die Füllung die Pfefferminztaler kurz ins Gefrierfach legen, dann in feine Stücke schneiden und mit einem Schneebesen mit Joghurt verrühren. Gelatine nach Packungsanleitung einweichen, dann ausdrücken und in einem kleinen Topf bei schwacher Hitze auflösen. Anschließend mit etwas von der Joghurtmasse verrühren, dann unter die restliche Joghurtmasse rühren. Wenn die Masse beginnt, dicklich zu werden, Sahne steif schlagen und unterheben.

5. Den unteren Boden auf eine Platte legen, mit Zitronengelee und der Hälfte der Joghurtcreme bestreichen und mit dem mittleren Boden bedecken. Die restliche Joghurtcreme daraufstreichen, mit dem oberen Boden bedecken und kurz kalt stellen. Zum Bestreichen Sahne mit Sahnesteif und Zucker steif schlagen und das Hufeisen damit umkleiden.

6. Zwei Drittel der beiseitegestellten Brösel in einer beschichteten Pfanne auf der Kochstelle leicht anrösten und erkalten lassen. Unter die restlichen Brösel mit einer Gabel etwas grüne Speisefarbe kneten. Das Hufeisen vollständig mit den gerösteten Bröseln bestreuen, dabei am unteren Rand 1–2 cm frei lassen, ihn mit den grünen Bröseln bestreuen und das Hufeisen etwa 1 Stunde kalt stellen.

7. Zum Garnieren Marzipan mit Puderzucker verkneten. Zwei Drittel davon mit grüner Speisefarbe einfärben, ausrollen und Kleeblätter ausstechen. Unter das restliche Marzipan rote Speisefarbe kneten und daraus Glücksschweinchen und Bänder formen. Torte vor dem Servieren mit Marzipandekoren garnieren.

Geburtstags-Gugelhupf

Zubereitungszeit: 25 Minuten, ohne Teiggehzeit | Backzeit: etwa 1 Stunde
Insgesamt: E: 136 g, F: 302 g, Kh: 523 g, kJ: 22488, kcal: 5373 | Beliebt

Zutaten

Für den Hefeteig:

1 Pck. Dr. Oetker Trockenbackhefe

1 TL Zucker

200 g lauwarme Schlagsahne

500 g Weizenmehl

125 g Zucker

1 Pck. Dr. Oetker Vanillin-Zucker

6 Tropfen Zitronen-Aroma

1 Prise Salz

4 Eier (Größe M)

200 g zerlassene, abgekühlte Butter

150 g Rosinen

50 g Korinthen

100 g nicht abgezogene, gehackte Mandeln

Für Guss und Garnierung:

200 g Puderzucker

etwa 3 EL Zitronensaft

etwa 50 g bunte Schokolinsen

kleine Kerzen und Kerzenständer

Zubereitung

1 Für den Teig Trockenbackhefe mit Zucker und Sahne in einer kleinen Schüssel sorgfältig verrühren und etwa 15 Minuten stehen lassen. Mehl in eine Rührschüssel sieben und Zucker, Vanillin-Zucker, Aroma, Salz, Eier und Butter hineingeben. Die angesetzte Hefe hinzufügen. Die Zutaten mit Handrührgerät mit Knethaken zunächst auf niedrigster, dann auf höchster Stufe in etwa 5 Minuten zu einem Teig verarbeiten.

2 Den Teig zugedeckt an einem warmen Ort so lange gehen lassen, bis er sich sichtbar vergrößert hat, und ihn dann auf höchster Stufe nochmals kurz durchkneten. Zum Schluss kurz Rosinen, Korinthen und Mandeln unter den Teig arbeiten.

3 Den Teig in eine Napfkuchenform (Ø 24 cm, gefettet, bemehlt) füllen und nochmals so lange an einem warmen Ort gehen lassen, bis er sich sichtbar vergrößert hat.
Den Backofen vorheizen.
Ober-/Unterhitze: etwa 180 °C, Heißluft: etwa 160 °C

4 Die Form auf dem Rost in den vorgeheizten Backofen stellen.
Backzeit: etwa 1 Stunde.

5 Den Kuchen nach dem Backen etwa 10 Minuten in der Form stehen lassen, dann auf einen Kuchenrost stürzen und erkalten lassen.

6 Für den Guss Puderzucker mit Zitronensaft zu einer dickflüssigen Masse verrühren und gleichmäßig über den Gugelhupf laufen lassen, sodass er in „Nasen“ herunterläuft. Zum Garnieren Schokoladenlinsen auf dem noch feuchten Zitronenguss verteilen und die Kerzen in Kerzenständern oben in den Kuchen stecken.

Feiner Napfkuchen mit Schokoguss

Zubereitungszeit: 30 Minuten, ohne Abkühlzeit I Backzeit: etwa 1 Stunde
Insgesamt: E: 83 g, F: 399 g, Kh: 691 g, kJ: 27937, kcal: 6671 I Für Kinder – einfach

Zutaten

Für den Rührteig:

350 g weiche Butter oder Margarine

300 g Zucker

1 Pck. Dr. Oetker Vanillin-Zucker

4 Eier (Größe M)

350 g Weizenmehl

50 g Speisestärke

4 gestr. TL Dr. Oetker Backin

1 EL Milch

Für den Guss:

200 g Zartbitter-Schokolade

1 EL Speiseöl

Zubereitung

1. Den Backofen vorheizen.
Ober-/Unterhitze: etwa 180 °C, Heißluft: etwa 160 °C

2. Für den Teig Butter oder Margarine mit Handrührgerät mit Rührbesen auf höchster Stufe geschmeidig rühren. Nach und nach Zucker und Vanillin-Zucker unterrühren. So lange rühren, bis eine gebundene Masse entstanden ist.

3. Eier nach und nach unterrühren (jedes Ei etwa ½ Minute). Mehl mit Speisestärke und Backpulver gut vermischen und in 2 Portionen abwechselnd mit der Milch auf mittlerer Stufe unterrühren.

4. Den Teig in eine Napfkuchenform (Ø 24 cm, gefettet) füllen, verstreichen und die Form auf dem Rost im unteren Drittel in den vorgeheizten Backofen schieben.
Backzeit: etwa 1 Stunde.

5. Den Kuchen etwa 10 Minuten in der Form stehen lassen, dann auf einen Kuchenrost stürzen und den Kuchen darauf erkalten lassen.

6. Für den Guss Schokolade in kleine Stücke brechen und mit Öl in einem kleinen Topf im Wasserbad schmelzen lassen. Den Kuchen damit überziehen und den Guss fest werden lassen.

Getränkter Limetten-Kokos-Kuchen

Zubereitungszeit: 35 Minuten, ohne Abkühlzeit | Backzeit: etwa 45 Minuten
Insgesamt: E: 64 g, F: 214 g, Kh: 541 g, kJ: 18638, kcal: 4453 | Gut vorzubereiten

Zutaten

Für den Schüttelteig:

150 g Butter oder Margarine

250 g Weizenmehl

2 gestr. TL Dr. Oetker Backin

170 g Zucker

abgeriebene Schale von
1 Bio-Limette (unbehandelt)

3 Eier (Größe M)

150 g Joghurt

100 g Kokosraspel

Für den Sirup:

100 ml Limettensaft

170 g Zucker

50 ml Wasser

Zubereitung

1 Für den Teig Butter oder Margarine zerlassen und abkühlen lassen.
Den Backofen vorheizen. Ober-/Unterhitze: etwa 180 °C, Heißluft: etwa 160 °C

2 Mehl mit Backpulver in einer verschließbaren Schüssel (etwa 3 l) mit Zucker und Limettenschale vermischen. Eier, Butter oder Margarine und Joghurt hinzufügen. Die Schüssel mit dem Deckel fest verschließen.

3 Schüssel mehrmals (insgesamt 15–30 Sekunden) kräftig schütteln, sodass alle Zutaten gut vermischt sind. Kokosraspel hinzufügen und alles mit einem Schneebesen oder Rührlöffel nochmals sorgfältig verrühren, damit trockene Zutaten vom Rand mit untergerührt werden.

4 Teig in eine Napfkuchenform (Ø 22 cm, gefettet, bemehlt) füllen und verstreichen. Die Form auf dem Rost in den vorgeheizten Backofen schieben.
Backzeit: etwa 45 Minuten.

5 Für den Sirup Limettensaft mit Zucker und Wasser in einen Topf geben. Den Zucker bei mittlerer Hitze unter Rühren darin auflösen. Sirup etwa 2 Minuten ohne Deckel sprudelnd kochen lassen, dabei nicht umrühren.

6 Den Kuchen etwa 10 Minuten in der Form stehen lassen, dann auf einen mit Backpapier belegten Kuchenrost stürzen. Die Kuchenoberfläche mit einem Holzstäbchen mehrfach einstechen. Kuchen mit dem Rost auf ein Backblech stellen und mit dem heißen Sirup beträufeln. Abgetropften Sirup wieder über den Kuchen träufeln, bis alles vom Kuchen aufgesogen ist. Kuchen erkalten lassen.

Tipp

Den Kuchen mit Limettenscheiben und Kokosraspeln garnieren.

Schwarz-weißer Gugelhupf

Zubereitungszeit: 50 Minuten, ohne Abkühlzeit | Backzeit: etwa 65 Minuten

Insgesamt: E: 113 g, F: 385 g, Kh: 646 g, kJ: 27150, kcal: 6483 | Raffiniert

Zutaten

Für den Rührteig:

250 g weiche Butter oder Margarine

250 g Zucker

1 Pck. Dr. Oetker Vanillin-Zucker

1 Prise Salz

5 Eier (Größe M)

350 g Weizenmehl

4 gestr. TL Dr. Oetker Backin

100 g abgezogene, gemahlene Mandeln

150 g Vanillepudding (aus dem Kühlregal)

2 gestr. EL Kakaopulver

1 Pck. Dr. Oetker Finesse Bourbon-Vanille-Aroma

150 g Schokoladenpudding (aus dem Kühlregal)

Für den Guss:

75 g Zartbitter-Schokolade

75 g weiße Schokolade

2 TL Speiseöl

Zubereitung

1 Für den Teig Butter oder Margarine mit Handrührgerät mit Rührbesen auf höchster Stufe geschmeidig rühren. Nach und nach Zucker, Vanillin-Zucker und Salz unterrühren. So lange rühren, bis eine gebundene Masse entstanden ist. Eier nach und nach unterrühren (jedes Ei etwa ½ Minute). Mehl mit Backpulver mischen und in 2 Portionen auf mittlerer Stufe unterrühren. Den Backofen vorheizen.
Ober-/Unterhitze: etwa 180 °C, Heißluft: etwa 160 °C

2 Die Hälfte des Teiges in eine zweite Schüssel geben. Unter eine Teighälfte 75 g der gemahlenen Mandeln und den Vanillepudding rühren. Unter die andere Hälfte des Teiges gesiebten Kakao, die restlichen Mandeln, das Aroma und den Schokoladenpudding rühren.

3 Den hellen und dunklen Teig mit Hilfe von 2 Esslöffeln so in eine Napfkuchenform (Ø 22 cm, gefettet, bemehlt) einfüllen, dass jeweils ein heller und dunkler Teigring eine Schicht bilden. Bei der nächsten Schicht den dunklen Teig auf dem hellen Teig verteilen und umgekehrt; insgesamt 3 Teigschichten einfüllen.

4 Den Teig vorsichtig verstreichen und die Form auf der Arbeitsfläche leicht aufklopfen, so dass sich die Teigschichten verbinden. Die Form auf dem Rost in den vorgeheizten Backofen schieben.
Backzeit: etwa 65 Minuten.

5 Den Kuchen etwa 10 Minuten in der Form stehen lassen, dann auf einen mit Backpapier belegten Kuchenrost stürzen und erkalten lassen.

6 Für den Guss von beiden Schokoladensorten mit einem Sparschäler etwas Schokospäne für die Garnierung abhobeln und beiseitelegen. Restliche Schokoladen grob zerkleinern, getrennt mit jeweils 1 Teelöffel Öl in einem Topf im Wasserbad bei schwacher Hitze schmelzen und etwas abkühlen lassen. Geschmolzene Schokoladen mit einem Teelöffel in Streifen auf den Kuchen geben, auf den dunklen Guss die weißen Schokospäne streuen und auf den weißen Guss die dunklen Späne streuen.

Russischer Osterkuchen

Zubereitungszeit: 45 Minuten, ohne Teiggeh- und Abkühlzeit | Backzeit: etwa 45 Minuten
Insgesamt: E: 86 g, F: 185 g, Kh: 777 g, kJ: 22232, kcal: 5311 | Etwas Besonderes

Für den Hefeteig:

125 ml (⅛ l) Milch

150 g Butter oder Margarine

500 g Weizenmehl

1 Pck. Dr. Oetker Trockenbackhefe

1 Prise Salz

100 g Zucker

½ TL gemahlener Kardamom

1 Pck. Dr. Oetker Finesse Geriebene Zitronenschale

3 Eigelb (Größe M)

75 g Rosinen

25 g Korinthen

25 g gewürfeltes Zitronat (Sukkade)

60 g abgezogene, gehackte Mandeln

Für den Guss und zum Garnieren:

200 g Puderzucker

2–3 EL Zitronensaft

gelbe Speisefarbe

Marzipanblumen oder Osterfiguren

1 Für den Teig Milch in einem Topf erwärmen und Butter oder Margarine darin zerlassen. Mehl in eine Rührschüssel geben und sorgfältig mit Trockenbackhefe vermischen. Salz, Zucker, Kardamom, Zitronenschale, Eigelb und die warme Milch-Fett-Mischung hinzufügen.

2 Die Zutaten mit Handrührgerät mit Knethaken zunächst kurz auf niedrigster, dann auf höchster Stufe in etwa 5 Minuten zu einem glatten Teig verarbeiten. Den Teig zugedeckt so lange an einem warmen Ort gehen lassen, bis er sich sichtbar vergrößert hat.

3 Den Teig mit etwas Mehl bestäuben, aus der Schüssel nehmen und auf der leicht bemehlten Arbeitsfläche gut durchkneten. Rosinen, Korinthen, Zitronat und Mandeln hinzufügen und kurz unterkneten. Den Backofen vorheizen.
Ober-/Unterhitze: etwa 180 °C, Heißluft: etwa 160 °C

4 Den Teig in eine Napfkuchenform (Ø 24 cm, gefettet, bemehlt) geben und nochmals so lange an einem warmen Ort gehen lassen, bis er sich sichtbar vergrößert hat. Die Form auf dem Rost in den vorgeheizten Backofen schieben.
Backzeit: etwa 45 Minuten.

5 Form etwa 10 Minuten auf einen Kuchenrost stellen, dann den Kuchen aus der Form lösen, auf einen Kuchenrost stürzen und erkalten lassen.

6 Für den Guss Puderzucker mit Zitronensaft zu einer dickflüssigen Masse verrühren. Die Hälfte des Gusses mit gelber Speisefarbe einfärben. Abwechselnd den Kuchen damit überziehen und mit Marzipanblumen oder Osterfiguren garnieren.

Hefezopf

Zubereitungszeit: 30 Minuten, ohne Teiggehzeit | Backzeit: etwa 35 Minuten
Insgesamt: E: 113 g, F: 385 g, Kh: 646 g, kJ: 27150, kcal: 6483 | Raffiniert

Für den Hefeteig:

250 g Schlagsahne

500 g Weizenmehl

1 Pck. Dr. Oetker Trockenbackhefe

80 g Zucker

1 Pck. Dr. Oetker Vanillin-Zucker

1 Pck. Dr. Oetker Finesse Geriebene Zitronenschale

1 Prise Salz

2 Eier (Größe M)

1 Eiweiß (Größe M)

Zum Bestreichen:

1 Eigelb (Größe M)

1 EL Milch

1 Für den Teig Sahne leicht erwärmen. Mehl in eine Rührschüssel geben und sorgfältig mit der Hefe vermischen. Restliche Teigzutaten und die lauwarme Sahne hinzufügen. Die Zutaten mit Handrührgerät mit Knethaken kurz auf niedrigster, dann auf höchster Stufe in etwa 5 Minuten zu einem glatten Teig verarbeiten. Den Teig zugedeckt so lange an einem warmen Ort gehen lassen, bis er sich sichtbar vergrößert hat.

2 Den Teig leicht mit Mehl bestäuben, aus der Schüssel nehmen und auf der bemehlten Arbeitsfläche nochmals gut durchkneten. Aus zwei Dritteln des Teiges 3 etwa 40 cm lange Rollen formen. Die Rollen zu einem Zopf flechten und auf ein Backblech (30 x 40 cm, gefettet) legen. Mit einer Teigrolle der Länge nach eine Vertiefung in den Zopf drücken.

3 Eigelb mit Milch verschlagen und die Vertiefung mit etwas Eigelbmilch bestreichen. Von dem restlichen Teig 3 etwa 35 cm lange Rollen formen und daraus ebenfalls einen Zopf flechten. Den kleineren Zopf auf den größeren in die Vertiefung legen und ebenfalls mit Eigelbmilch bestreichen. Den Backofen vorheizen.
Ober-/Unterhitze: etwa 180 °C, Heißluft: etwa 160 °C

4 Den Zopf nochmals so lange an einem warmen Ort gehen lassen, bis er sich sichtbar vergrößert hat. Das Backblech in den vorgeheizten Backofen schieben.
Backzeit: etwa 35 Minuten.

5 Den Hefezopf auf einem mit Backpapier belegten Kuchenrost erkalten lassen.

Mini-Zebrakuchen

Zubereitungszeit: 30 Minuten, ohne Abkühlzeit I Backzeit: etwa 40 Minuten
Insgesamt: E: 44 g, F: 150 g, Kh: 386 g, kJ: 12856, kcal: 3072 I Für Kinder

Für den Teig:

3 Eigelb (Größe M)

100 g Zucker

1 Pck. Dr. Oetker Vanillin-Zucker

75 ml lauwarmes Wasser

125 ml (⅛ l) Speiseöl

200 g Weizenmehl

3 gestr. TL Dr. Oetker Backin

3 Eiweiß (Größe M)

1 EL gesiebtes Kakaopulver

Für den Guss:

125 g gesiebter Puderzucker

2–2 ½ EL Orangensaft

1 Den Boden einer Springform (Ø 18 cm) fetten und mit Semmelbröseln bestreuen. Den Backofen vorheizen.
Ober-/Unterhitze: etwa 180 °C, Heißluft: etwa 160 °C

2 Für den Teig Eigelb, Zucker und Vanillin-Zucker mit dem Handrührgerät mit Rührbesen schaumig rühren. Wasser und Öl unterrühren. Mehl mit Backpulver mischen und in 2 Portionen unterrühren.

3 Eiweiß steif schlagen und unter den Teig heben. Den Teig halbieren und unter eine Teighälfte den Kakao rühren.

4 Zunächst 2 Esslöffel des hellen Teiges in die Mitte der Springform geben (nicht verteilen!). Auf den hellen Teig 2 Esslöffel des dunklen Teiges geben (nicht daneben). Den Vorgang wiederholen, bis der Teig aufgebraucht ist. Den Teig nicht glatt streichen. Die Springform auf dem Rost in den vorgeheizten Backofen schieben.
Backzeit: etwa 40 Minuten.

5 Den Zebrakuchen aus der Springform lösen, auf einem Kuchenrost erkalten lassen.

6 Den Puderzucker mit dem Orangensaft verrühren und den erkalteten Kuchen damit überziehen.

Mini-Stachelbeerkuchen mit Gitter

Zubereitungszeit: 30 Minuten, ohne Kühlzeit | Backzeit: etwa 40 Minuten
Insgesamt: E: 113 g, F: 385 g, Kh: 646 g, kJ: 27150, kcal: 6483 | Erfrischend

Zutaten

Für den Knetteig:

100 g Weizenmehl

1 EL Zucker

1 Eigelb (Größe M)

60 g Butter oder Margarine

2 EL abgezogene, gemahlene Mandeln

Für den Belag:

1 Glas Stachelbeeren (Abtropfgewicht 390 g)

150 g Crème fraîche

1 TL Dessert-Soße Vanille-Geschmack, zum Kochen

1 EL Zucker

1 Pck. Dr. Oetker Vanillin-Zucker

Zum Bestreichen:

1 EL Milch

Zum Bestäuben:

Puderzucker

Zubereitung

1. Für den Teig Mehl, Zucker, Eigelb, Butter oder Margarine und Mandeln in eine Rührschüssel geben. Die Zutaten mit Handrührgerät mit Rührbesen zunächst kurz auf niedrigster, dann auf höchster Stufe gut durcharbeiten. Anschließend auf der bemehlten Arbeitsfläche zu einem glatten Teig verarbeiten. Den Teig in Frischhaltefolie wickeln und etwa 1 Stunde kalt stellen.

2. Den Boden einer Springform (Ø 18 cm) fetten. Den Backofen vorheizen.
Ober-/Unterhitze: etwa 180 °C, Heißluft: etwa 160 °C

3. Für den Belag Stachelbeeren auf einem Sieb abtropfen lassen. Crème fraîche mit Soßenpulver, Zucker und Vanillin-Zucker verrühren.

4. Zwei Drittel des Teiges zwischen 2 Lagen Klarsichtfolie in Größe der Springform ausrollen. Die Teigplatte in die Springform legen und etwas am Rand hochdrücken.

5. Die Stachelbeeren kreisförmig vom Rand beginnend in die Form legen. Die Crème-fraîche-Masse darauf verteilen.

6. Den restlichen Teig ebenfalls zwischen 2 Lagen Klarsichtfolie ausrollen und in 1 cm breite Streifen schneiden. Die Teigstreifen als Gitter auf den Belag legen und mit Milch bestreichen. Die Form auf dem Rost in den vorgeheizten Backofen schieben.
Backzeit: etwa 40 Minuten.

7. Die Form auf einen Kuchenrost stellen. Nach etwa 10 Minuten den Springformrand mit einem Messer lösen und entfernen. Den Kuchen erkalten lassen. Vor dem Servieren mit Puderzucker bestäuben.

Kirsch-Frischkäse-Kuchen

Zubereitungszeit: 35 Minuten, ohne Abkühl- und Trockenzeit I Backzeit: etwa 65 Minuten

Insgesamt: E: 49 g, F: 137 g, Kh: 350 g, kJ: 11974, kcal: 2860 I Fruchtig I 1 Rosen-Tontopf, Ø 12 cm, Höhe etwa 12 cm

Zutaten

1 Glas Schattenmorellen (Abtropfgewicht 175 g)

Für den Rührteig:

100 g weiche Butter oder Margarine

100 g Zucker

1 Pck. Dr. Oetker Vanillin-Zucker

2 Eier (Größe M)

125 g Doppelrahm-Frischkäse

½ Pck. Dr. Oetker Finesse Geriebene Zitronenschale

200 g Weizenmehl

2 gestr. TL Dr. Oetker Backin

Für den Guss:

40 g gesiebter Puderzucker

1–2 TL Kirschsaft aus dem Glas

Zum Bestäuben:

Puderzucker

Zubereitung

1 Kirschen auf einem Sieb abtropfen lassen, dabei den Saft auffangen. 12 Kirschen zum Garnieren beiseitelegen. Den Backofen vorheizen.
Ober-/Unterhitze: etwa 180 °C, Heißluft: etwa 160 °C

2 Für den Teig Butter oder Margarine mit Handrührgerät mit Rührbesen auf höchster Stufe geschmeidig rühren. Zucker und Vanillin-Zucker unterrühren, so lange rühren, bis eine gebundene Masse entstanden ist.

3 Eier nach und nach unterrühren (jedes Ei etwa ½ Minute). Frischkäse und Zitronenschale unterrühren. Mehl mit Backpulver mischen und in 2 Portionen auf mittlerer Stufe unterrühren. Kirschen unterheben.

4 Den Teig in den vorbereiteten Tontopf (gewässert, mit Backpapier ausgelegt) geben und glatt streichen. Den Tontopf auf dem Rost im unteren Drittel in den vorgeheizten Backofen schieben.
Backzeit: etwa 65 Minuten.

5 Nach dem Backen den Kuchen etwa 15 Minuten im Topf abkühlen lassen, dann mit dem Backpapier aus dem Topf nehmen und auf einem mit Backpapier belegten Kuchenrost erkalten lassen. Backpapier entfernen.

6 Für den Guss Puderzucker mit so viel Saft verrühren, dass eine dickflüssige Masse entsteht. Guss in einen kleinen Gefrierbeutel füllen, eine kleine Ecke abschneiden und 12 größere Punkte auf die Kuchenoberfläche spritzen. Auf jeden Punkt eine beiseitegelegte Kirsche geben, diese leicht andrücken. Guss trocknen lassen und anschließend den Kuchen mit Puderzucker bestäuben.

Tipp

Den Kuchen in Pergament- oder Backpapier verpackt verschenken.

Backpflaumenstriezel

Zubereitungszeit: 40 Minuten, ohne Teiggeh- und Einweichzeit I Backzeit: 25–30 Minuten
Insgesamt: E: 95 g, F: 140 g, Kh: 635 g, kJ: 17764, kcal: 4243 I Raffiniert – für Geübte

Für den Hefeteig:

375 g Weizenmehl

1 Pck. Dr. Oetker Trockenbackhefe

1 Prise Salz

75 g Zucker

1 Pck. Dr. Oetker Finesse Geriebene Zitronenschale

1 Ei (Größe M)

50 g zerlassene, abgekühlte Butter oder Margarine

200 ml lauwarme Milch

Für den Belag:

250 g Pflaumen, entsteint, getrocknet

50 g Rosinen

50 ml Multivitaminsaft

1 TL Koriandersamen

100 g Zitronat (Sukkade)

100 g abgezogene, gehackte Mandeln

1 Pck. Dr. Oetker Vanillin-Zucker

½ TL Lebkuchengewürz

Zum Bestreichen und Belegen:

1 Eigelb

1 EL Milch

etwa 20 abgezogene Mandeln

1 Für den Teig Mehl in eine Rührschüssel sieben und mit der Trockenbackhefe sorgfältig vermischen. Salz, Zucker, Zitronenschale, Ei, Butter oder Margarine und Milch hinzufügen. Die Zutaten mit Handrührgerät mit Knethaken zunächst kurz auf niedrigster, dann auf höchster Stufe in etwa 5 Minuten zu einem glatten Teig verarbeiten. Den Teig zugedeckt so lange an einem warmen Ort gehen lassen, bis er sich sichtbar vergrößert hat (etwa 30 Minuten).

2 Für den Belag Pflaumen in kleine Würfel schneiden, mit Rosinen in eine flache Schale geben, mit Multivitaminsaft übergießen und etwa 20 Minuten einweichen. Koriandersamen im Mörser etwas zerstoßen.

3 Zitronat mit Mandeln, Vanillin-Zucker, Lebkuchengewürz und Koriander mischen und unter die Pflaumenmasse rühren.

4 Den gegangenen Teig leicht mit Mehl bestäuben, aus der Schüssel nehmen, auf der leicht bemehlten Arbeitsfläche nochmals kurz durchkneten und zu einem Rechteck (30 x 35 cm) ausrollen. Das Teigstück auf ein Backblech (30 x 40 cm, mit Backpapier belegt) legen. Die Pflaumenmasse in die Mitte des Teigstücks geben und zu einem Rechteck (etwa 11 x 35 cm) verstreichen.

5 Den nicht bestrichenen Teig rechts und links von der Füllung im Abstand von etwa 2 ½ cm in diagonale Streifen schneiden. Jeweils am oberen Ende beginnend und abwechselnd einen linken und rechten Teigstreifen über die Füllung legen, sodass diese sich am Ende kreuzen. Diesen Vorgang so lange wiederholen, bis alle Teigstreifen verbraucht sind. Den Backofen vorheizen.
Ober/Unterhitze: etwa 200 °C, Heißluft: etwa 180 °C

6 Den Striezel nochmals zugedeckt etwa 20 Minuten an einem warmen Ort gehen lassen.

7 Zum Bestreichen und Belegen Eigelb mit Milch verschlagen. Den Striezel damit bestreichen und mit den Mandeln belegen. Das Backblech in den vorgeheizten Backofen schieben.
Backzeit: 25–30 Minuten.

8 Den Striezel vom Backblech nehmen und auf einem mit Backpapier belegten Kuchenrost erkalten lassen.

Knusperhaus

Zubereitungszeit: 90 Minuten, ohne Kühlzeit | Backzeit: 15–20 Minuten je Backblech

Insgesamt: E: 89 g, F: 222 g, Kh: 657 g, kJ: 20935, kcal: 4999 | Raffiniert

Zutaten

Für den Lebkuchenteig:

100 g flüssiger Honig

75 g Zuckerrübensirup

50 g Zucker

50 g Butter oder Margarine

1 Eigelb (Größe M)

1 schwach geh. TL Lebkuchen- oder Pfefferkuchengewürz

2 EL Milch

350 g Weizenmehl (Type 550)

1 Pck. (5 g) Natron

Zum Bekleben des Hauses:

150 g gesiebter Puderzucker

1 Eiweiß (Größe M)

Zum Bestreuen:

einige Zucker- oder Liebesperlen

Für den Belag:

250 g Edelbitter-Schokolade (mindestens 70 % Kakaoanteil)

etwa 75 g ganze, abgezogene Mandeln

etwa 75 g Cashewkerne

Zum Bestreuen:

einige rosa Pfefferbeeren

Zum Bestäuben:

Puderzucker

Zubereitung

1 Für den Teig Honig mit Sirup, Zucker und Butter oder Margarine in einem Topf unter Rühren langsam erwärmen, bis Zucker und Fett geschmolzen sind. Die Masse in eine Rührschüssel geben und erkalten lassen.

2 Eigelb, Gewürz und Milch mit Handrührgerät mit Rührbesen auf höchster Stufe unterrühren. Mehl mit Natron mischen, sieben, zwei Drittel davon auf mittlerer Stufe unterrühren. Den Teigbrei mit restlichem Mehl auf der bemehlten Arbeitsfläche zu einem glatten Teig verkneten. Den Teig in Frischhaltefolie gewickelt etwa 30 Minuten kalt stellen. Den Backofen vorheizen.
Ober-/Unterhitze: etwa 180 °C, Heißluft: etwa 160 °C

3 Den Teig etwa ½ cm dick ausrollen. Mit Hilfe von Schablonen eine Vorderseite, eine Rückseite mit Tannenbaum, 2 Dächer ausschneiden und etwa 10 Dreiecke (Ø etwa 2 cm) ausstechen. Aus der Vorderseite eine Tür und ein Fenster ausschneiden. Die Hausteile und Dreiecke nicht zu eng auf Backbleche (mit Backpapier belegt) legen. Die Backbleche nacheinander (bei Heißluft zusammen) in den vorgeheizten Backofen schieben.
Backzeit: 15–20 Minuten je Backblech.

4 Gebäckteile mit dem Backpapier von den Backblechen auf Kuchenroste ziehen. Tür mit einem Messer der Länge nach halbieren. Gebäckteile erkalten lassen.

5 Zum Bekleben des Hauses Puderzucker mit ½ Eiweiß zu einer dicken Masse verrühren. Zuerst die Längskanten vom Vorderhaus und einer Dachhälfte dick mit der Puderzuckermasse bestreichen, aneinandersetzen und verkleben. Dann die Rückwand mit Tannenbaum ebenfalls an den Längskanten mit der Masse bestreichen und an der einen Dachhälfte festkleben. Zuletzt die Kanten der letzten Dachhälfte bestreichen, an Vorder- und Rückwand und Dachfläche zu einem Haus zusammensetzen. Tür ankleben. Puderzuckermasse trocknen lassen.

6 Die restliche Puderzuckermasse mit dem restlichen Eiweiß verrühren, sodass der Guss etwas streichfähiger wird. Tannenbaum und Tür damit bestreichen. Mit Zucker- oder Liebesperlen garnieren.

7 Für den Belag Schokolade in kleine Stücke brechen, in einer kleinen Schüssel im Wasserbad bei schwacher Hitze schmelzen. Jeweils etwa 25 Mandeln und Cashewkerne in einem Abstand von etwa 3 cm auf Backpapier legen. Je 1 Teelöffel Schokolade auf die Nusskerne geben. Etwa ein Drittel der schokolierten Nusskerne mit 1–2 Pfefferbeeren bestreuen. Schokolade fest werden lassen.

8 Die Lebkuchendreiecke mit einem Teil der restlichen Schokolade am Dachfirst als Verzierung kleben. Sollte die Schokolade wieder fest geworden sein, nochmals im Wasserbad erwärmen.

9 Schokolierte Nusskerne auf den Dachflächen und an den Hauswänden dekorativ befestigen. Die restlichen Nusskerne mit Schokolade in die Lücken kleben. Schokolade fest werden lassen. Das Knusperhaus ganz mit etwas Puderzucker bestäuben.

Geschenkpäckchen

Zubereitungszeit: 40 Minuten, ohne Kühlzeit | Backzeit: etwa 1 Stunde | 6 Stück

Insgesamt: E: 129 g, F: 73 g, Kh: 133 g, kJ: 5331, kcal: 1273 | Raffiniert

Zutaten

Für den Knetteig:

125 g Weizenmehl

40 g Zucker

75 g weiche Butter oder Margarine

1 EL Wasser

Für den All-in-Teig:

100 g Pinienkerne

100 g Edelbitter-Schokolade

250 g Weizenmehl

3 gestr. TL Dr. Oetker Backin

2 gestr. EL Kakaopulver

1 Pck. Dr. Oetker Gala Feiner Schokoladen-Pudding

50 g brauner Zucker

2 Pck. Dr. Oetker Bourbon-Vanille-Zucker

1 Pck. Dr. Oetker Finesse Rum-Aroma

4 Eier (Größe M)

100 g flüssiger Honig, klar

175 ml Speiseöl

2 EL Milch

Zum Bestreichen und Garnieren:

4 EL Brombeergelee

1 EL Rotwein

200 g Marzipan-Rohmasse

30 g gesiebter Puderzucker

Für den Guss:

75 g gesiebter Puderzucker

etwa 2 EL Zitronensaft

Zubereitung

1 Für den Knetteig Mehl in eine Rührschüssel sieben. Restliche Zutaten hinzufügen und mit Handrührgerät mit Rührbesen auf höchster Stufe gut durcharbeiten. Anschließend auf der bemehlten Arbeitsfläche zu einem glatten Teig verkneten. Den Teig in Frischhaltefolie gewickelt etwa 30 Minuten kalt stellen.

2 Für den All-in-Teig Pinienkerne in einer Pfanne ohne Fett hellbraun rösten, herausnehmen und auf einem Teller erkalten lassen. Schokolade in kleine Würfel hacken. Den Backofen vorheizen.
Ober-/Unterhitze: etwa 180 °C, Heißluft: etwa 160 °C

3 Mehl mit Backpulver, Kakao und Pudding-Pulver mischen, in eine Rührschüssel sieben. Restliche Zutaten hinzufügen und mit Handrührgerät mit Rührbesen auf höchster Stufe in etwa 1 Minute zu einem glatten Teig verarbeiten. Pinienkerne und Schokoladenwürfel kurz unterrühren.

4 Den Knetteig auf einem Backblech (gefettet) zu einem Rechteck (etwa 24 x 36 cm) ausrollen und einen Backrahmen darumstellen. Den Knetteigboden mit 1 Esslöffel des Gelees bestreichen. Den All-in-Teig daraufgeben und glatt streichen. Das Backblech in den vorgeheizten Backofen schieben.
Backzeit: etwa 30 Minuten.

5 Das Backblech auf einen Kuchenrost stellen, den Kuchen erkalten lassen. Den Kuchen von dem Backblech lösen und 6 Quadrate je 12 x 12 cm daraus schneiden.

6 Restliches Gelee mit Rotwein unter Rühren kräftig aufkochen lassen. Die Kuchenoberflächen und -seiten damit bestreichen.

7 Zum Garnieren Marzipan mit Puderzucker verkneten. Gut drei Viertel des Marzipans zwischen Frischhaltefolie dünn zu einem Rechteck von etwa 12 x 48 cm ausrollen, mit einem Teigrädchen in 6 Streifen zu je 2 x 48 cm schneiden. Die Marzipanstreifen um die Kuchenränder legen. Restliches Marzipan ebenfalls dünn ausrollen und verschiedene Weihnachtsmotive ausstechen. Die Kuchenoberflächen damit garnieren.

8 Für den Guss Puderzucker mit Zitronensaft zu einer dünnflüssigen Masse verrühren. Die Marzipanstreifen und -motive dünn damit bestreichen (mit einem Backpinsel). Den Guss fest werden lassen.

Konfetti-Muffins

Zubereitungszeit: 15 Minuten I Backzeit: etwa 20 Minuten I 12 Stück

Insgesamt: E: 64 g, F: 189 g, Kh: 325 g, kJ: 14163, kcal: 3383 I Für Kinder

Zutaten

Für den Rührteig:

125 g weiche Butter oder Margarine

100 g Marzipan-Rohmasse

75 g Zucker

1 Pck. Dr. Oetker Vanillin-Zucker

1 Prise Salz

4 Eier (Größe M)

125 g Weizenmehl

1 gestr. TL Dr. Oetker Backin

150 g Mini-Schokolinsen

Zubereitung

1 Den Backofen vorheizen.
Ober-/Unterhitze: etwa 180 °C, Heißluft: etwa 160 °C

2 Für den Teig Butter oder Margarine mit klein geschnittenem Marzipan in einer Rührschüssel mit Handrührgerät mit Rührbesen auf höchster Stufe geschmeidig rühren. Nach und nach Zucker, Vanillin-Zucker und Salz unterrühren. So lange rühren, bis eine gebundene Masse entstanden ist.

3 Eier nach und nach unterrühren (jedes Ei etwa ½ Minute). Mehl mit Backpulver mischen und in 2 Portionen auf mittlerer Stufe unterrühren. Zuletzt die Schokolinsen kurz unterheben.

4 Den Teig in einer Muffinform (für 12 Muffins, gefettet, bemehlt) verteilen und die Form auf dem Rost in den vorgeheizten Backofen schieben.
Backzeit: etwa 20 Minuten.

5 Muffins nach dem Backen etwa 5 Minuten in der Form stehen lassen, aus der Form lösen und auf einem Kuchenrost erkalten lassen.

Gesichter-Muffins

Zubereitungszeit: 35 Minuten, ohne Abkühlzeit | Backzeit: etwa 20 Minuten | 12 Stück
Insgesamt: E: 42 g, F: 124 g, Kh: 347 g, kJ: 11177, kcal: 2665 | Für Kinder

Zutaten

Für den Teig:

100 g Weizenmehl

2 Pck. Gala Vanille-Pudding-Pulver

3 gestr. TL Dr. Oetker Backin

120 g Zucker

4 Eier (Größe M)

100 g weiche Butter oder Margarine

3 EL Schlagsahne

Zum Verzieren und Garnieren:

70 g Puderzucker

2–3 TL Zitronensaft

einige Mini-Schokolinsen

Zubereitung

1 Den Backofen vorheizen.
Ober-/Unterhitze: etwa 180 ° C, Heißluft: etwa 160 °C

2 Für den Teig Mehl mit Pudding-Pulver und Backpulver mischen und in eine Rührschüssel sieben. Zucker, Eier, Butter oder Margarine und Sahne hinzufügen. Die Zutaten mit Handrührgerät mit Rührbesen zunächst kurz auf niedrigster, dann auf höchster Stufe in etwa 2 Minuten zu einem glatten Teig verarbeiten.

3 Den Teig in eine Muffinform für 12 Muffins (gefettet, bemehlt) füllen. Die Form auf dem Rost in den vorgeheizten Backofen schieben.
Backzeit: etwa 20 Minuten.

4 Die Muffins etwa 10 Minuten in der Form stehen lassen, dann vorsichtig aus der Form lösen und auf einem Kuchenrost erkalten lassen.

5 Zum Verzieren und Garnieren Puderzucker mit Zitronensaft zu einer dickflüssigen Masse verrühren, in einen kleinen Gefrierbeutel füllen und eine kleine Ecke abschneiden. Auf die Muffins jeweils ein Gesicht spritzen und mit Schokolinsen garnieren. Den Guss fest werden lassen.

Eierlikörfladen

Zubereitungszeit: 45 Minuten, ohne Abkühlzeit I Backzeit: etwa 15 Minuten je Backblech

Insgesamt: E: 80 g, F: 200 g, Kh: 500 g, kJ: 17770, kcal: 4240 I Beliebt

Zutaten

Für den Schüttelteig:

100 g Butter oder Margarine

220 g Weizenmehl

1 gestr. TL Dr. Oetker Backin

1 Pck. Dr. Oetker Pudding-Pulver Sahne-Geschmack

130 g Zucker

2 Eier (Größe M)

100 ml Eierlikör

Für den Belag:

100 g Schlagsahne

200 g Sahnequark (40 % Fett i. Tr.)

100 g Schmand (Sauerrahm)

2 EL Eierlikör

40 g gesiebter Puderzucker

2 Pck. Dr. Oetker Sahnesteif

Für die Füllung:

4 EL Kirschkonfitüre

3 EL Eierlikör

Zum Verzieren:

70 g dunkle Kuchenglasur

Zubereitung

1 Für den Teig Butter oder Margarine zerlassen und abkühlen lassen. Mehl mit Backpulver und Pudding-Pulver in einer verschließbaren Schüssel (etwa 3 l) mit Zucker vermischen. Eier, Butter oder Margarine und Eierlikör hinzufügen. Die Schüssel mit dem Deckel fest verschließen. Den Backofen vorheizen.
Ober-/Unterhitze: etwa 200 °C, Heißluft: etwa 180 °C

2 Schüssel mehrmals (insgesamt 15–30 Sekunden) kräftig schütteln, sodass alle Zutaten gut vermischt sind. Alles mit einem Schneebesen oder Rührlöffel nochmals sorgfältig verrühren, damit trockene Zutaten vom Rand mit untergerührt werden.

3 Teig in je 5 Häufchen auf 2 Backblechen (gefettet, mit Backpapier belegt) verteilen und mit einem Esslöffel zu ovalen Fladen (etwa 12 cm Länge) verstreichen. Die Backbleche nacheinander (bei Heißluft zusammen) in den vorgeheizten Backofen schieben.
Backzeit: etwa 15 Minuten je Backblech.

4 Die 10 Teigfladen mit dem Backpapier von den Backblechen auf Kuchenroste ziehen und erkalten lassen.

5 Dann für den Belag Sahne steif schlagen. Quark mit Schmand und Eierlikör verrühren. Puderzucker mit Sahnesteif mischen und unter die Quark-Schmand-Masse rühren. Steif geschlagene Sahne unterheben. Die Creme auf die Fladen streichen, dabei einen Rand frei lassen und in die Mitte eine Vertiefung drücken.

6 Für die Füllung Konfitüre durch ein Sieb streichen. Die Konfitüre in die Vertiefung füllen. Anschließend mit Hilfe eines Teelöffels einen Tropfen Eierlikör in die Mitte der Konfitüre geben.

7 Zum Verzieren Kuchenglasur nach Packungsanleitung auflösen, in einen kleinen Gefrierbeutel füllen und eine kleine Ecke abschneiden. Die Glasur in Streifen auf den Belag spritzen und fest werden lassen. Eierlikörfladen sofort servieren.

Glücksbringer

Zubereitungszeit: 1 Stunde, ohne Kühlzeit I Backzeit: etwa 20 Minuten

Insgesamt: E: 69 g, F: 165 g, Kh: 373 g, kJ: 13573, kcal: 3250 I Für Kinder I 1 Glas (Ø etwa 6 cm), 8 Blatt Alufolie (etwa 15 x 15 cm)

Zutaten

Für den Biskuitteig:

3 Eier (Größe M)

75 g Zucker

1 Pck. Dr. Oetker Vanillin-Zucker

75 g Weizenmehl

15 g Speisestärke

1 leicht geh. TL Kakaopulver

1 gestr. TL Dr. Oetker Backin

Für die Füllung:

3 Blatt weiße Gelatine

1 Becher (500 g) Sahnepudding aus dem Kühlregal

Für den Guss:

200 g Halbbitter-Kuvertüre

1 EL Speiseöl

Zum Garnieren und Verzieren:

50 g Marzipan-Rohmasse

10 g gesiebter Puderzucker

nach Belieben Speisefarbe

bunte Zuckerschrift

Zubereitung

1 Zum Vorbereiten das Glas nacheinander auf die Alu-Quadrate stellen, die Alufolie darumlegen und gut andrücken. Die so entstandenen Förmchen vorsichtig ablösen, innen einfetten und mit Mehl bestäuben. Die Förmchen auf ein Backblech stellen. Den Backofen vorheizen.
Ober-/Unterhitze: etwa 180 °C, Heißluft: etwa 160 °C

2 Für den Teig Eier mit Handrührgerät mit Rührbesen auf höchster Stufe in 1 Minute schaumig schlagen. Zucker und Vanillin-Zucker mischen, in 1 Minute einstreuen, dann noch 2 Minuten weiterschlagen. Mehl mit Speisestärke, Kakaopulver und Backpulver mischen, auf die Eiercreme sieben und kurz auf niedrigster Stufe unterrühren. Den Teig vorsichtig auf die Förmchen verteilen. Das Backblech in den vorgeheizten Backofen schieben.
Backzeit: etwa 20 Minuten.

3 Die Gebäcke etwa 5 Minuten in den Förmchen abkühlen lassen, dann vorsichtig herauslösen und erkalten lassen.

4 Für die Füllung Gelatine nach Packungsanleitung einweichen, anschließend leicht ausdrücken und in einem kleinen Topf bei schwacher Hitze auflösen. Aufgelöste Gelatine mit 1–2 Löffeln von dem Pudding verrühren, dann die Masse unter den restlichen Pudding rühren und kalt stellen.

5 Wenn die Puddingmasse beginnt dicklich zu werden, sie in einen Spritzbeutel mit Lochtülle füllen und von unten in die Gebäcke spritzen. Dazu die Lochtülle in das Gebäck stecken und vorsichtig die Creme einspritzen. Gebäcke kalt stellen.

6 Für den Guss Kuvertüre grob hacken und mit Speiseöl in einem kleinen Topf im Wasserbad bei schwacher Hitze geschmeidig rühren. Die Glücksbringer damit überziehen und auf einem Kuchenrost fest werden lassen.

7 Zum Garnieren und Verzieren Marzipan mit Puderzucker verkneten, nach Belieben einfärben und jeden Glücksbringer „anziehen“ (z. B. mit Fliege oder Hosenträger). Gesichter mit Zuckerschrift aufmalen und die Glücksbringer bis zum Servieren kalt stellen.

Honigkuchen-Nikoläuse

Zubereitungszeit: 90 Minuten, ohne Kühlzeit | Backzeit: etwa 10 Minuten je Backblech | etwa 60 Stück

Insgesamt: E: 46 g, F: 107 g, Kh: 484 g, kJ: 13028, kcal: 3114 | Für Kinder

Zutaten

Für den Lebkuchenteig:

100 g flüssiger Honig

50 g Rohrzucker

75 g Butter oder Margarine

½ Fläschchen Butter-Vanille-Aroma

1 gestr. TL gemahlener Zimt

½ TL gemahlene Nelken

1 Eiweiß (Größe M)

250 g Weizenmehl

2 gestr. TL Dr. Oetker Backin

Zum Bestreichen:

1 Eigelb

1 EL Milch

Für die Nikolausmützen:

100 g Marzipan-Rohmasse

40 g gesiebter Puderzucker

Zum Bestreichen:

25 g gesiebter Puderzucker

1 TL Zitronensaft

Für die Gesichter:

etwa 50 g gesiebter Puderzucker

1 EL Zitronensaft

etwas rote Speisefarbe

einige Zuckerperlen

Zubereitung

1 Für den Teig Honig, Zucker und Butter oder Margarine in einem Topf unter Rühren langsam erwärmen, bis Zucker und Fett geschmolzen sind, in eine Rührschüssel geben und kalt stellen. Den Backofen vorheizen.
Ober-/Unterhitze: etwa 180 °C, Heißluft: etwa 160 °C

2 Unter die fast erkaltete Masse Aroma, Zimt, Nelken und Eiweiß rühren. Mehl mit Backpulver mischen und zwei Drittel davon portionsweise auf mittlerer Stufe unterrühren. Den Teigbrei mit dem restlichen Mehl auf der bemehlten Arbeitsfläche zu einem glatten Teig verkneten und etwa ½ cm dick ausrollen. Mit der Ausstechform (5-zackig, Ø 4,5 cm) Sterne ausstechen und auf ein Backblech (mit Backpapier belegt) legen.

3 Zum Bestreichen Eigelb mit Milch verschlagen. Die Teigsterne damit bestreichen. Das Backblech in den vorgeheizten Backofen schieben.
Backzeit: etwa 10 Minuten je Backblech.

4 Die Sterne mit dem Backpapier von den Backblechen auf Kuchenroste ziehen und erkalten lassen.

5 Für die Nikolausmützen Marzipan mit Puderzucker verkneten. Marzipan zwischen Frischhaltefolie so dünn ausrollen, dass 15 Kreise (Ø etwa 7 cm) ausgestochen werden können. Die Kreise jeweils vierteln.

6 Zum Bestreichen Puderzucker mit Zitronensaft zu einer dickflüssigen Masse verrühren. Jeweils eine Sternspitze mit dem Guss bestreichen und mit je einem Marzipanviertel (die runde Seite nach unten) einschlagen und etwas andrücken. Die Marzipanspitze leicht seitwärts biegen.

7 Für die Gesichter Puderzucker mit Zitronensaft zu einem dünnflüssigen Guss verrühren. Guss halbieren. Eine Hälfte mit roter Speisefarbe färben. Mit dem weißen und roten Guss Gesichter herstellen. Mit Zuckerperlen garnieren.

Glückstaler

Zubereitungszeit: 30 Minuten I Backzeit: etwa 12 Minuten je Backblech I etwa 60 Stück
Insgesamt: E: 40 g, F: 143 g, Kh: 366 g, kJ: 12169, kcal: 2907 I Einfach

Für den Knetteig:

300 g Weizenmehl

1 Msp. Dr. Oetker Backin

100 g Zucker

1 Pck. Dr. Oetker Vanillin-Zucker

1 Pck. Dr. Oetker Finesse Natürliches Orangenschalen-Aroma

5 EL Orangensaft

150 g Butter oder Margarine

Zum Garnieren und Verzieren:

30 g Halbbitter-Kuvertüre

10 g Zucker

20 g Kakaopulver

1 Für den Teig Mehl mit Backpulver in einer Rührschüssel mischen. Restliche Zutaten hinzufügen und mit Handrührgerät mit Knethaken zunächst kurz auf niedrigster, dann auf höchster Stufe gut durcharbeiten.

2 Anschließend auf der leicht bemehlten Arbeitsfläche kurz zu einem Teig verkneten. Aus dem Teig 3 Rollen formen (Ø etwa 4 cm), diese mit Frischhaltefolie zudecken, kalt stellen und fest werden lassen. Den Backofen vorheizen.
Ober-/Unterhitze: etwa 200 °C, Heißluft: etwa 180 °C

3 In der Zwischenzeit Kuvertüre in Stücke hacken und in einem kleinen Topf im Wasserbad bei schwacher Hitze geschmeidig rühren. Zucker mit Kakao vermischen, auf die Arbeitsfläche streuen und die Rollen darin wälzen. Die Rollen in gut ½ cm dicke Taler schneiden und auf 2 mit Backpapier belegten Backblechen verteilen.

4 Kuvertüre in einen kleinen Gefrierbeutel füllen, eine kleine Ecke abschneiden und die Taler damit verzieren. Die Backbleche nacheinander (bei Heißluft zusammen) in den vorgeheizten Backofen schieben.
Backzeit: etwa 12 Minuten je Backblech.

5 Glückstaler nach dem Backen von den Backblechen auf Kuchenroste ziehen und erkalten lassen.

Würzige Butterkekse

Zubereitungszeit: 25 Minuten, ohne Abkühlzeit I Backzeit: etwa 15 Minuten je Backblech I etwa 40 Stück

Insgesamt: E: 32 g, F: 134 g, Kh: 242 g, kJ: 9713, kcal: 2321 I Für Kinder

Zutaten

Für den All-in-Teig:

150 g Butter

200 g Dinkelmehl (Type 630)

½ TL Dr. Oetker Backin

1 Prise Salz

100 g brauner Zucker (Kandisfarin)

1 Pck. Dr. Oetker Bourbon-Vanille-Zucker

1 Eiweiß (Größe M)

2 EL Milch

Zum Bestreichen:

1 Eigelb (Größe M)

1 EL Milch

Zubereitung

1 Von der Butter 100 g bei mittlerer Hitze zerlassen und leicht bräunen lassen. Topf von der Kochstelle nehmen und etwas abkühlen lassen. Restliche Butter unterrühren. Den Backofen vorheizen.
Ober-/Unterhitze: etwa 180 °C, Heißluft: etwa 160 °C

2 Mehl und Backpulver in einer Rührschüssel mischen. Restliche Zutaten und die Butter hinzufügen und alles mit Handrührgerät mit Rührbesen erst kurz auf niedrigster, dann auf höchster Stufe zu einem Teig verarbeiten.

3 Den Teig mit zwei Teelöffeln in walnussgroßen Häufchen mit etwas Abstand auf zwei Backbleche (gefettet, mit Backpapier belegt) setzen.

4 Eigelb mit Milch verquirlen und die Teighäufchen mit einem Backpinsel damit bestreichen. Die Backbleche nacheinander (bei Heißluft zusammen) in den vorgeheizten Backofen schieben.
Backzeit: etwa 15 Minuten.

5 Die Backbleche auf Kuchenroste stellen und das Gebäck darauf erkalten lassen.

Erdnuss-Schnecken

Zubereitungszeit: 1 Stunde, ohne Kühlzeit | Backzeit: 10–12 Minuten je Backblech

Insgesamt: E: 87 g, F: 232 g, Kh: 343 g, kJ: 15865, kcal: 3789 | Für Kinder

Zutaten

Für den Knetteig:

300 g Weizenmehl

½ TL Dr. Oetker Backin

100 g Zucker

1 Pck. Dr. Oetker Bourbon-Vanille-Zucker

1 Ei (Größe M)

1 Eigelb (Größe M)

170 g Butter oder Margarine

1 ½ EL gesiebtes Kakaopulver

Zum Bestreuen und Bestreichen:

150 g fein gesalzene Erdnusskerne oder Honig-Erdnusskerne

1 verschlagenes Eiweiß (Größe M)

Zubereitung

1 Für den Teig Mehl mit Backpulver in einer Rührschüssel mischen. Restliche Zutaten (außer Kakao) hinzufügen und mit Handrührgerät mit Knethaken auf höchster Stufe gut durcharbeiten. Den Teig kurz verkneten und halbieren. Eine Teighälfte mit Kakao verkneten. Die Teighälften getrennt in Frischhaltefolie gewickelt etwa 30 Minuten kalt stellen. Zum Bestreuen Erdnusskerne grob hacken.

2 Den hellen Teig auf der leicht bemehlten Arbeitsfläche zu einem Quadrat (etwa 30 x 30 cm) ausrollen, dann aufrollen und zur Seite legen. Den dunklen Teig zu einem Rechteck (etwa 30 x 34 cm) ausrollen und mit dem verschlagenen Eiweiß bestreichen. Die Hälfte der Erdnusskerne darauf verteilen, dabei an der längeren Seite einen etwa 4 cm breiten Rand frei lassen. Den hellen Teig auf dem bestreuten dunklen Teig abrollen, andrücken, mit dem restlichen Eiweiß bestreichen und mit den restlichen Erdnusskernen bestreuen.

3 Die Teigplatte vom nicht bestreuten Rand beginnend aufrollen, zu einer quadratischen Stange (etwa 5 x 5 cm, etwa 30 cm Länge) formen, zusammendrücken und quer durchschneiden, beide Teile in Frischhaltefolie verpackt im Gefrierfach etwa 30 Minuten anfrieren lassen. Den Backofen vorheizen.
Ober-/Unterhitze: etwa 180 °C , Heißluft: etwa 160 °C

4 Die Teigstangen mit einem Allesschneider oder einem Sägemesser in etwa ½ cm dicke Scheiben schneiden. Dabei die Stangen immer wieder drehen, damit die Scheiben gleichmäßig abgeschnitten werden. Die Teigscheiben auf Backbleche (mit Backpapier belegt) legen. Die Backbleche nacheinander (bei Heißluft zusammen) in den vorgeheizten Backofen schieben.
Backzeit: 10–12 Minuten je Backblech.

5 Die Backbleche auf Kuchenroste stellen und das Gebäck etwa 5 Minuten auf den Backblechen abkühlen lassen. Das Gebäck mit dem Backpapier von den Backblechen auf Kuchenroste ziehen und erkalten lassen.

Schweineöhrchen

Zubereitungszeit: 25 Minuten, ohne Auftau- und Kühlzeit I Backzeit: etwa 15 Minuten je Backblech I etwa 60 Stück

Insgesamt: E: 12 g, F: 60 g, Kh: 180 g, kJ: 5940, kcal: 14520 I Gut vorzubereiten

Für den Teig:

½ Pck. (225 g) TK-Blätterteig (10 quadratische Scheiben)

Zum Bestreichen und Bestreuen:

25 g Butter

50 g Zucker

1 Pck. Dr. Oetker Vanillin-Zucker

Außerdem:

etwas Zucker

1 Die Blätterteigplatten nebeneinander auf der Arbeitsfläche nach Packungsanleitung auftauen lassen.

2 Butter in einem Topf zerlassen und etwas abkühlen lassen. Die Teigplatten aufeinanderlegen, auf der bemehlten Arbeitsfläche zu einem Rechteck (etwa 55 x 22 cm) ausrollen und mit der Butter bestreichen. Zucker mit Vanillin-Zucker mischen. Den Teig gleichmäßig damit bestreuen. Von den beiden kurzen Seiten aus den Teig zur Mitte hin aufrollen, sodass die Rollen aneinanderstoßen. Die Rollen fest zusammendrücken und so lange in den Kühlschrank stellen, bis der Teig schnittfest ist (etwa 30 Minuten).

3 Ein Backblech mit Backpapier belegen. Den Backofen vorheizen.
Ober-/Unterhitze: etwa 200 °C, Heißluft: etwa 180 °C

4 Die Teigrolle in knapp 1 cm dicke Scheiben schneiden und portionsweise mit Abstand auf das Backblech legen. Das Backblech auf mittlerer Einschubleiste in den vorgeheizten Backofen schieben. Übrige Schweineöhrchen ebenso auf Backpapier vorbereiten.
Backzeit: etwa 15 Minuten.

5 Das Gebäck nach 10 Minuten Backzeit umdrehen.

6 Die gebackenen Schweineöhrchen vom Backpapier lösen, noch heiß mit Zucker bestreuen und auf einem Kuchenrost erkalten lassen.

7 Die vorbereiteten Öhrchen mit dem Backpapier auf das Backblech ziehen, backen, mit Zucker bestreuen und erkalten lassen.

Pünktchenkekse

Zubereitungszeit: 40 Minuten, ohne Abkühlzeit | Backzeit: 15–20 Minuten je Backblech

Insgesamt: E: 27 g, F: 54 g, Kh: 255 g, kJ: 6742, kcal: 1610 | Für Kinder

Für den Biskuitteig:

2 Eier (Größe M)

1 EL heißes Wasser

100 g Zucker

1 Pck. Dr. Oetker Vanillin-Zucker

50 g Weizenmehl

½ TL Dr. Oetker Backin

1 EL Kakaopulver

40 g Speisestärke

Zum Verzieren:

120 g weiße Schokolade

1 TL Speiseöl

rote Speisefarbe

1 Den Backofen vorheizen.
Ober-/Unterhitze: etwa 180 °C, Heißluft: etwa 160 °C

2 Für den Teig Eier und Wasser mit Handrührgerät mit Rührbesen auf höchster Stufe in 1 Minute schaumig schlagen. Zucker und Vanillin-Zucker mischen, in 1 Minute einstreuen und noch etwa 2 Minuten schlagen.

3 Mehl mit Backpulver, Kakao und Speisestärke mischen und kurz auf niedrigster Stufe unter die Eiercreme rühren.

4 Den Teig mit zwei Teelöffeln in Häufchen auf Backbleche (mit Backpapier belegt) setzen, dabei genügend Abstand zwischen den Teighäufchen lassen. Die Backbleche nacheinander (bei Heißluft zusammen) in den vorgeheizten Backofen schieben.
Backzeit: 15–20 Minuten je Backblech.

5 Das Gebäck mit dem Backpapier von den Backblechen auf Kuchenroste ziehen. Erkalten lassen.

6 Zum Verzieren Schokolade in Stücke brechen und mit Speiseöl in einem kleinen Topf im Wasserbad bei schwacher Hitze schmelzen. Schokoladenmasse halbieren, eine Hälfte in einen kleinen Gefrierbeutel geben und eine kleine Ecke abschneiden. Restliche Schokoladenmasse mit Speisefarbe rot einfärben, ebenfalls in einen kleinen Gefrierbeutel geben und eine kleine Ecke abschneiden.

7 Rote und weiße Tupfen auf das Gebäck spritzen. Schokolade fest werden lassen.

Baileys-Pralinen

Zubereitungszeit: 40 Minuten, ohne Durchzieh-, Abkühl- und Kühlzeit | Haltbarkeit: kühl gelagert 6–8 Tage

Insgesamt: E: 26 g, F: 68 g, Kh: 208 g, kJ: 7429, kcal: 1783 | Für Gäste

Zutaten

Für die Pralinen:

100 g Löffelbiskuits

150 ml Baileys
(Original Irish Cream Likör)

150 g Vollmilch-Kuvertüre

Zum Bestäuben:

30 g Kakaopulver

Zubereitung

1 Löffelbiskuits grob zerkleinern, in eine Schale geben, mit dem Likör tränken und etwa 30 Minuten durchziehen lassen. In der Zwischenzeit Kuvertüre grob hacken, in einem Topf im Wasserbad bei schwacher Hitze schmelzen und abkühlen lassen.

2 Die flüssige, abgekühlte Kuvertüre unter die Likörmasse rühren. Die Likör-Kuvertüre-Masse auf einem Küchenbrett (mit Backpapier belegt) mit einem großen, glatten Messer zu einem Rechteck von etwa 14 x 15 cm ausstreichen. Die Oberfläche mit einem Drittel des Kakaopulvers bestäuben und die Platte etwa 30 Minuten kalt stellen.

3 Das Rechteck am besten mit einem zweiten Küchenbrett wenden, sodass die untere Seite oben liegt, und mit der Hälfte des restlichen Kakaos bestäuben. Das Rechteck in etwa 2 x 3 cm lange Pralinen schneiden, sodass 35 Pralinen entstehen, und die Schnittkanten in dem restlichen Kakao wenden.

4 Die Pralinen etwa 1 Stunde kalt stellen, dann gut verpackt und gekühlt in einer Dose aufbewahren.

Rotwein-Pflaumen-Pralinen

Zubereitungszeit: 40 Minuten, ohne Kühlzeit I Haltbarkeit: kühl gelagert etwa 5 Tage

Insgesamt: E: 30 g, F: 96 g, Kh: 205 g, kJ: 7691, kcal: 1838 I Mit Alkohol

Zutaten

Für die Rotwein-Marzipan-Masse:

100 g entsteinte, getrocknete Soft-Pflaumen (etwa 15 Stück)

75 ml Rotwein

150 g Marzipan-Rohmasse

50 g gesiebter Puderzucker

Für den Guss:

100 g Edelbitter-Schokolade (70 % Kakaoanteil)

1 TL Speiseöl

Zubereitung

1 Die Pflaumen längs halbieren. Rotwein in einem kleinen Topf zum Kochen bringen, die Pflaumen hinzufügen und alles bei schwacher Hitze etwa 3 Minuten köcheln lassen. Die Pflaumen im Rotwein etwa 1 Stunde kalt stellen und durchziehen lassen.

2 Marzipan mit Puderzucker verkneten, auf der leicht mit Puderzucker bestäubten Arbeitsfläche zu einem Quadrat von etwa 30 x 30 cm ausrollen, in 30 Rechtecke von etwa 5 x 6 cm schneiden. Jeweils 1 Pflaumenhälfte in die Mitte der Rechtecke legen, die Seiten einschlagen und die Pflaume in das Marzipan einrollen. Ränder vorsichtig andrücken.

3 Für den Guss Schokolade in Stücke brechen und mit Speiseöl in einem kleinen Topf im Wasserbad bei schwacher Hitze schmelzen lassen. Die Marzipanrollen auf eine Gabel geben, in die Schokolade tunken, etwas abstreifen und auf einem Kuchenrost abtropfen lassen (evtl. Schokolade zwischendurch nochmals erwärmen). Die Schokolade fest werden lassen.

4 Anschließend die Pralinen in eine gut schließende Dose geben und an einem kühlen Ort aufbewahren.

Helle und dunkle Trüffel-Pralinen

Zubereitungszeit: 40 Minuten, ohne Kühlzeit I Haltbarkeit: kühl gelagert etwa 1 Woche
Insgesamt: E: 49 g, F: 198 g, KH: 302 g, kJ: 14039, kcal: 3358 I Enthält Alkohol

Für die helle Trüffelmasse:

150 g weiße Kuvertüre

50 g Schlagsahne

25 g Kokosfett

Für die dunkle Trüffelmasse:

150 g Zartbitter-Kuvertüre

50 g Schlagsahne

15 g Kokosfett

Außerdem:

50 g Kokosraspel

1 Pck. Dr. Oetker Bourbon-Vanille-Zucker

1 EL Kokoslikör

1 EL Orangenlikör

1 EL Zartbitter- Raspelschokolade

2 EL Kirschwasser

1 Pck. Dr. Oetker Bourbon-Vanille-Zucker

1 Msp. gemahlener Zimt

4 rote Belegkirschen

2 EL Whiskylikör

Für die Glasur:

100 g Zartbitter-Schokolade

1 EL Speiseöl

Außerdem:

Backpapier

12 Pralinenkapseln

1 Für die helle und dunkle Trüffelmasse jeweils getrennt die Kuvertüren grob hacken und im Wasserbad mit Sahne und Kokosfett schmelzen. Beide Massen getrennt mindestens 2 Stunden in den Kühlschrank stellen und wieder fest werden lassen. Massen dann halbieren.

2 Die Hälfte der hellen Trüffelmasse mit 15 g Kokosraspeln, Vanille-Zucker und Kokoslikör verrühren, in einen Spritzbeutel mit Lochtülle (Ø 8 mm) füllen, knapp kirschgroße Tuffs auf Backpapier spritzen und mit den übrigen Kokosraspeln bestreuen. Die zweite Hälfte der hellen Masse mit Orangenlikör sowie Raspelschokolade vermischen und mit Hilfe von 2 Teelöffeln auf 12 Pralinenkapseln verteilen.

3 Die Hälfte der dunklen Trüffelmasse mit Kirschwasser, Vanille-Zucker und Zimt verrühren, in einen Spritzbeutel mit Sterntülle (Ø 8 mm) füllen, 12 Tuffs auf ein Stück Backpapier spritzen und mit je einem Stück Belegkirsche garnieren. Die zweite Hälfte der dunklen Trüffelmasse mit Whiskylikör verrühren (evtl. kurz kalt stellen) und rasch zu etwa 10 Kugeln formen, dabei die Hände öfter säubern, da die Masse sehr schnell schmilzt.

4 Für die Glasur Schokolade grob hacken, mit Öl im Wasserbad schmelzen. Die Trüffelkugeln auf eine Gabel spießen, mit Glasur überziehen und auf einem Pralinengitter oder auf Backpapier fest werden lassen.

Früchtestreifen

Zubereitungszeit: 35 Minuten, ohne Abkühlzeit | Backzeit: etwa 20 Minuten | Haltbarkeit: kühl gelagert etwa 8 Tage

Insgesamt: E: 33 g, F: 116 g, Kh: 262 g, kJ: 9628, kcal: 2300 | Für Gäste

Zutaten

Für die Fruchtmischung:

100 g getrocknete, gezuckerte Mango (Reformhaus)

50 g getrocknete Papaya (Reformhaus)

50 g Marzipan-Rohmasse

2–3 EL Rum

je 100 g Zartbitter-Schokolade, weiße Schokolade und Vollmilch-Schokolade

Zubereitung

1 Mango, Papaya und Marzipan in sehr feine Würfel schneiden, mischen, mit dem Rum tränken und zugedeckt etwa 30 Minuten durchziehen lassen.

2 Zartbitter-Schokolade in Stücke brechen und in einem kleinen Topf im Wasserbad bei schwacher Hitze schmelzen lassen. Flüssige Schokolade in eine Kastenform (25 x 11 cm, gefettet, mit Backpapier ausgelegt) geben und verstreichen. Die Form leicht aufklopfen, bis die Schokolade glatt wird. Die Hälfte der Fruchtmischung vorsichtig mit einer Gabel auf der Schokolade verteilen.

3 Die weiße Schokolade ebenfalls schmelzen und vorsichtig mit einem Esslöffel in Streifen auf die Fruchtmischung geben, dabei die Form wieder leicht aufklopfen. Die restliche Fruchtmischung vorsichtig auf die Schokolade geben. Zuletzt Vollmilch-Schokolade auflösen und vorsichtig mit Hilfe eines Esslöffels gleichmäßig auf der Fruchtmischung glatt verteilen.

4 Die Form 10–15 Minuten ins Gefrierfach stellen, bis die Schokolade fest geworden ist. Die Schokoladenplatte mit dem Backpapier aus der Form heben und Backpapier entfernen. Die Platte einmal der Länge nach senkrecht durchschneiden, sodass zwei lange Streifen (etwa 25 x 5,5 cm) entstehen. Die Streifen in etwa 1 cm dicke Scheiben schneiden, so dass etwa 50 Pralinen entstehen. Das Konfekt gut verpackt kühl aufbewahren.

Marzipan-Nougat-Würfel

Zubereitungszeit: 40 Minuten, ohne Kühlzeit I Haltbarkeit: kühl gelagert etwa 14 Tage
Insgesamt: E: 54 g, F: 173 g, Kh: 283 g, kJ: 12376, kcal: 2946 I Beliebt

Zutaten

Für die Marzipanmasse:

200 g Marzipan-Rohmasse

50 g gesiebter Puderzucker

50 g abgezogene, gemahlene Mandeln

2 EL Amaretto (Mandellikör)

Für die Füllung:

200 g Nuss-Nougat

Zum Bestreichen und Bestreuen:

50 g Zartbitter-Kuvertüre

½ TL Speiseöl

etwa 1 TL grob gehackte Pistazienkerne

Zubereitung

1 Marzipan mit Puderzucker, Mandeln und Likör verkneten. Marzipanmasse vierteln und jedes Viertel auf der leicht mit Puderzucker bestäubten Arbeitsplatte zu einem Rechteck von etwa 15 x 12,5 cm ausrollen.

2 Für die Füllung Nuss-Nougat in einem kleinen Topf im Wasserbad bei schwacher Hitze schmelzen lassen. Auf die erste Marzipanplatte ein Drittel der Nougatmasse streichen, mit der zweiten Marzipanplatte belegen und mit der Hälfte des restlichen Nougats bestreichen. Dritte Marzipanplatte auflegen und restlichen Nougat aufstreichen. Letzte Marzipanplatte auflegen, andrücken und etwa 2 Stunden kalt stellen.

3 Zum Bestreichen Kuvertüre in kleine Stücke hacken, mit dem Speiseöl in einem kleinen Topf im Wasserbad bei schwacher Hitze schmelzen lassen. Kuvertüre auf der Oberfläche verstreichen und mit Pistazien bestreuen. Kuvertüre fest werden lassen.

4 Marzipan mit einem scharfen Messer in kleine Würfel (etwa 2,5 x 2,5 cm) schneiden, sodass 30 Würfel entstehen. Das Konfekt gut verpacken und kühl aufbewahren.

Scharfes Chili-Konfekt

Zubereitungszeit: 40 Minuten, ohne Abkühl- und Kühlzeit I Haltbarkeit: kühl gelagert 8–10 Tage

Insgesamt: E: 28 g, F: 255 g, Kh: 152 g, kJ: 12668, kcal: 3028 I Raffiniert

Für die Schokomasse:

2 rote Chilischoten

100 g Schlagsahne

125 g Edel-Sahne-Schokolade (45 % Kakaoanteil)

100 g weiche Butter

20 g Puderzucker

Außerdem:

200 g hauchdünne Täfelchen (Edelbitter, z. B. von Lindt)

1 Chilischoten putzen, entkernen und in sehr feine Würfel schneiden. Sahne in einem Topf mit Chilistücken zum Kochen bringen und bei mittlerer Hitze 2–3 Minuten auf etwa 75 g einkochen lassen. Den Topf von der Kochstelle nehmen.

2 Schokolade in kleine Stücke brechen, zu der Sahne geben und darin unter Rühren auflösen. Die Masse etwas abkühlen lassen. Butter und Puderzucker mit Handrührgerät mit Rührbesen schaumig schlagen. Die Schokoladenmasse dazugeben, unterrühren und etwa 30 Minuten kalt stellen, bis eine spritzfähige Masse entstanden ist.

3 Die Schokoladen-Butter-Masse in einen Spritzbeutel mit kleiner Sterntülle füllen. Die Schokoladentäfelchen mit einem scharfen Messer der Länge nach halbieren und jeweils 2 kleine Tupfen der Schokoladen-Butter-Masse auf eine Hälfte spritzen, mit der zweiten Hälfte belegen und mit der restlichen Creme verzieren (ergibt etwa 50 Stück).

4 Das Konfekt kalt stellen, dann in eine gut schließende Dose geben und wieder kalt stellen.

Ananasgelee

Zubereitungszeit: 15 Minuten, ohne Entsaftungszeit I Haltbarkeit: kühl und dunkel gestellt etwa 1 Jahr
Insgesamt: E: 3 g, F: 1 g, Kh: 510 g, kJ: 8814, kcal: 2104 I Für Kinder I etwa 4 Gläser je 200 ml

Zutaten

750 ml (¾ l) Ananassaft
(von etwa 2 großen Ananas)

400 g Zucker

1 Beutel (25 g) Gelfix Extra 2:1

Zubereitung

1 Von den Ananas jeweils Blatt- und Strunkende entfernen. Dann die schuppige Schale möglichst dick abschneiden, damit die „Augen" mit entfernt werden. Die Ananas jeweils vierteln, den mittleren harten Strunk herausschneiden. Ananasviertel mit einem Entsafter (Zentrifuge) entsaften (Gebrauchsanleitung des Geräteherstellers beachten), 750 ml (¾ l) abmessen.

2 Ananassaft in einen großen Kochtopf geben. Zucker mit Gelfix Extra mischen, dann mit dem Ananassaft verrühren.

3 Alles unter Rühren bei starker Hitze zum Kochen bringen und unter ständigem Rühren mindestens 3 Minuten sprudelnd kochen lassen. Topf von der Kochstelle nehmen.

4 Kochgut eventuell abschäumen und sofort randvoll in vorbereitete Gläser füllen. Gläser mit Twist-off-Deckeln® verschließen, umdrehen und etwa 5 Minuten auf den Deckeln stehen lassen.

Tipp

Statt Ananas selbst zu entsaften, können Sie auch ungesüßten Ananassaft (Handelsware) für das Ananasgelee verwenden.

Feigen-Fruchtaufstrich

Zubereitungszeit: 40 Minuten I Haltbarkeit: kühl und dunkel gestellt etwa 1 Jahr
Insgesamt: E: 6 g, F: 3 g, Kh: 469 g, kJ: 9168, kcal: 2188 I Mit Alkohol I etwa 4 Gläser je 200 ml

Zutaten

300 g frische Feigen
(etwa 5 Stück, vorbereitet gewogen)

1 Zitrone

etwa 450 ml Apfelsaft (Handelsware)

200 ml Portwein

350 g brauner Zucker oder
Fruchtzucker

1 Beutel (25 g) Gelfix Super 3:1

Zubereitung

1 Die Feigen waschen, abtropfen lassen, entstielen, schälen, in kleine Stücke schneiden und 300 g abwiegen. Zitrone halbieren und den Saft auspressen. Zitronensaft mit Apfelsaft auf 500 ml (½ l) auffüllen.

2 Feigenstücke, Portwein und die Zitronen-/Apfelsaft-Mischung in einen großen Kochtopf geben. Süßungsmittel mit Gelfix Super mischen, dann mit der Fruchtmasse verrühren. (Oder Früchte, Portwein, Zitronensaft und Apfelsaft in einen großen Kochtopf geben, mit Flüssigsüße und Gelfix Super gut verrühren.)

3 Alles unter Rühren bei starker Hitze zum Kochen bringen und unter ständigem Rühren mindestens 3 Minuten sprudelnd kochen lassen. Topf von der Kochstelle nehmen.

4 Kochgut eventuell abschäumen und sofort randvoll in vorbereitete Gläser füllen. Die Gläser mit Twist-off-Deckeln® verschließen, umdrehen und etwa 5 Minuten auf den Deckeln stehen lassen.

Kiwi-Stachelbeer-Konfitüre

Zubereitungszeit: 30 Minuten I Haltbarkeit: kühl und dunkel gestellt etwa 1 Jahr

Insgesamt: E: 8 g, F: 4 g, Kh: 606 g, kJ: 11767, kcal: 2779 I Mit Alkohol I etwa 5 Gläser je 200 ml

500 g Kiwis (vorbereitet gewogen)

400 g grüne Stachelbeeren (vorbereitet gewogen)

100 ml grüner Kiwi-Likör

1 Pck. Zitronensäure (5 g)

1 Pck. (500 g) Extra Gelierzucker 2:1

1 Kiwis schälen, vierteln, in feine Scheiben schneiden und 500 g abwiegen. Stachelbeeren waschen, gut abtropfen lassen, Stiel- und Blütenansätze entfernen. Stachelbeeren halbieren und 400 g abwiegen.

2 Kiwis, Stachelbeeren, Likör und Zitronensäure in einem großen Kochtopf mit Extra Gelierzucker gut verrühren.

3 Alles unter Rühren bei starker Hitze zum Kochen bringen und unter ständigem Rühren mindestens 3 Minuten sprudelnd kochen lassen. Topf von der Kochstelle nehmen.

4 Kochgut eventuell abschäumen und sofort randvoll in vorbereitete Gläser füllen. Gläser mit Twist-off-Deckeln® verschließen, umdrehen und etwa 5 Minuten auf den Deckeln stehen lassen.

Melonen-Zitrus-Konfitüre

Zubereitungszeit: 40 Minuten I Haltbarkeit: kühl und dunkel gestellt etwa 1 Jahr
Insgesamt: E: 7 g, F: 2 g, Kh: 427 g, kJ: 7732, kcal: 1825 I Raffiniert I 5–6 Gläser je 200 ml

Zutaten

400 g Wassermelone (vorbereitet gewogen)

350 g Pink-Grapefruit-Filets und -saft (von etwa 3 Pink Grapefruits)

250 g Orangenfilets und -saft (von etwa 4 Orangen)

1 Pck. (5 g) Zitronensäure

1 Pck. (350 g) Diät Gelier-Fruchtzucker 3:1

Zubereitung

1 Wassermelone in Spalten schneiden. Das Fruchtfleisch aus der Schale lösen und die Kerne entfernen. Fruchtfleisch in Würfel schneiden und 400 g abwiegen. Grapefruits und Orangen so schälen, dass die weiße Haut vollständig mit entfernt wird. Grapefruits und Orangen filetieren, dabei jeweils den Saft auffangen. Von den Grapefruitfilets mit dem -saft 350 g und von den Orangenfilets mit dem -saft 250 g abwiegen.

2 Melonenwürfel, Fruchtfilets, -säfte und Zitronensäure in einem großen Kochtopf mit Diät Gelier-Fruchtzucker gut verrühren. Alles unter Rühren bei starker Hitze zum Kochen bringen und unter ständigem Rühren mindestens 3 Minuten sprudelnd kochen lassen. Topf von der Kochstelle nehmen.

3 Kochgut eventuell abschäumen und sofort randvoll in vorbereitete Gläser füllen. Gläser mit Twist-off-Deckeln® verschließen, umdrehen und etwa 5 Minuten auf den Deckeln stehen lassen.

4 Gläser während des Erkaltens gelegentlich umdrehen, damit sich die Fruchtstücke gleichmäßig verteilen.

Pommersches Viermus

Zubereitungszeit: 30 Minuten I Haltbarkeit: kalt und dunkel gestellt etwa 1 Jahr

Insgesamt: E: 4 g, F: 4 g, Kh: 1250 g, kJ: 21351, kcal: 5095 I Mit Alkohol I 7–8 Gläser je 200 ml

Zutaten

250 g Preiselbeeren (vorbereitet gewogen)

250 g Äpfel (vorbereitet gewogen)

250 g Birnen (vorbereitet gewogen)

250 g Pflaumen (vorbereitet gewogen)

1 Bio-Zitrone (unbehandelt, ungewachst)

1 Msp. gemahlene Nelken

1 Beutel (20 g) Gelfix Classic 1:1

1150 g Zucker

2 EL Birnengeist oder Zwetschenwasser

Zubereitung

1 Preiselbeeren verlesen, waschen, gut abtropfen lassen und 250 g abwiegen.

2 Äpfel und Birnen waschen, schälen, achteln, entkernen, klein schneiden und jeweils 250 g abwiegen. Pflaumen waschen, gut abtropfen lassen, halbieren, entsteinen, in kleine Stücke schneiden und 250 g abwiegen. Zitrone heiß abwaschen, abtrocknen und die Schale abreiben.

3 Die vorbereiteten Früchte mit der Zitronenschale und den Nelken in einen großen Kochtopf geben.

4 Gelfix Classic zuerst mit 2 Esslöffeln des Zuckers mischen, dann mit der Fruchtmasse gut verrühren. Das Kochgut unter Rühren bei starker Hitze zum Kochen bringen. Sobald alles bei ständigem Rühren sprudelnd kocht, restlichen Zucker hinzufügen.

5 Alles unter Rühren wieder zum Kochen bringen und unter ständigem Rühren mindestens 3 Minuten sprudelnd kochen lassen. Topf von der Kochstelle nehmen. Birnengeist oder Zwetschenwasser unterrühren.

6 Das Kochgut eventuell abschäumen und sofort randvoll in vorbereitete Gläser füllen. Gläser mit Twist-off-Deckeln® verschließen, umdrehen und etwa 5 Minuten auf den Deckeln stehen lassen.

Rhabarber-Campari-Gelee mit rosa Pfefferbeeren

Zubereitungszeit: 1 Stunde, ohne Ablaufzeit | Haltbarkeit: kühl und dunkel gestellt 3–4 Monate

Insgesamt: E: 6 g, F: 2 g, Kh: 1089 g, kJ: 18575, kcal: 4567 | Mit Alkohol | etwa 6 Gläser je 200 ml

Zutaten

1 kg Rhabarber (vorbereitet gewogen)

250 ml (¼ l) Wasser

1 Beutel (20 g) Gelfix Classic 1:1

1 kg Zucker

50 ml Campari

2 TL getrocknete rosa Pfefferbeeren

Außerdem:

1 Küchentuch (Mulltuch)

Zubereitung

1. Rhabarber waschen, abtropfen lassen, Stielenden und Blattansätze entfernen. Rhabarberstangen in sehr kleine Stücke schneiden. 1 kg Rhabarber abwiegen und in einen Topf geben. Das Wasser hinzugießen und unter Rühren bis kurz vor dem Kochen erhitzen. Den Rhabarber zugedeckt etwa 5 Minuten ziehen lassen.

2. Ein großes Küchensieb mit einem feuchten Küchentuch (Mulltuch) auslegen. Rhabarberstücke mit dem Saft hineingeben, abtropfen lassen, dabei den Saft auffangen. Rhabarbermasse kräftig auspressen und dabei ebenfalls den Saft auffangen.

3. 800 ml Saft abmessen (evtl. mit Wasser ergänzen) und in einen großen Kochtopf geben.

4. Gelfix Classic zuerst mit 2 Esslöffeln des Zuckers mischen, dann mit dem Rhabarbersaft gut verrühren.

5. Die Zutaten unter Rühren bei starker Hitze zum Kochen bringen. Sobald alles bei ständigem Rühren sprudelnd kocht, restlichen Zucker hinzufügen. Alles unter Rühren wieder zum Kochen bringen, unter ständigem Rühren mindestens 3 Minuten sprudelnd kochen lassen. Den Topf von der Kochstelle nehmen, Campari und Pfefferbeeren unterrühren.

6. Kochgut eventuell abschäumen und sofort randvoll in vorbereitete Gläser füllen. Gläser mit Twist-off-Deckeln® verschließen, umdrehen und etwa 5 Minuten auf den Deckeln stehen lassen.

7. Gläser während des Erkaltens gelegentlich umdrehen, damit sich die Pfefferbeeren besser verteilen.

Frühlingskonfitüre (Erdbeer-Rhabarber-Konfitüre)

Zubereitungszeit: 30 Minuten I Haltbarkeit: kühl und dunkel gestellt etwa 1 Jahr

Insgesamt: E: 7 g, F: 3 g, Kh: 528 g, kJ: 9435, kcal: 2223 I Klassisch I etwa 5 Gläser je 200 ml

Zutaten

500 g Erdbeeren
(vorbereitet gewogen)

500 g junger Rhabarber
(vorbereitet gewogen)

1 Bio-Zitrone
(unbehandelt, ungewachst)

1 Pck. (500 g) Extra Gelierzucker 2:1

Zubereitung

1 Die Erdbeeren putzen, waschen, abtropfen lassen, entstielen, in kleine Stücke schneiden und 500 g abwiegen. Rhabarber putzen, waschen, abtrocknen (evtl. abziehen), in sehr kleine Stücke schneiden und 500 g abwiegen. Zitrone heiß abwaschen, abtrocknen und die Schale abreiben. Zitrone halbieren und den Saft auspressen.

2 Erdbeer-, Rhabarberstücke, Zitronenschale und -saft mit Extra Gelierzucker in einem großen Kochtopf gut verrühren. Alles unter Rühren bei starker Hitze zum Kochen bringen und unter ständigem Rühren mindestens 3 Minuten sprudelnd kochen lassen. Topf von der Kochstelle nehmen.

3 Kochgut eventuell abschäumen und sofort randvoll in vorbereitete Gläser füllen. Die Gläser mit Twist-off-Deckeln® verschließen, umdrehen und etwa 5 Minuten auf den Deckeln stehen lassen.

Tipp

Verfeinern Sie den Geschmack der Konfitüre mit 2 Päckchen Dr. Oetker Bourbon-Vanille-Zucker, die Sie mit dem Gelierzucker hinzufügen.

Ananas-Johannisbeer-Fruchtaufstrich

Zubereitungszeit: 25 Minuten, ohne Entsaftungs- und Abkühlzeit I Haltbarkeit: kühl und dunkel gestellt 3–4 Monate
Insgesamt: E: 11 g, F: 2 g, Kh: 749 g, kJ: 13357, kcal: 3158 I Raffiniert I etwa 6 Gläser je 200 ml

Zutaten

950 ml Johannisbeersaft (von etwa 1,6 kg roten und schwarzen Johannisbeeren)

300 g Ananas (vorbereitet gewogen)

3 Lorbeerblätter

1 Pck. (500 g) Super Gelierzucker 3:1

Zubereitung

1 Zum Vorbereiten die Johannisbeeren waschen, abtropfen lassen und mit einem Schnellkochtopf oder Dampfentsafter entsaften (Gebrauchsanleitung des Geräteherstellers beachten). Saft abkühlen lassen und 950 ml abmessen.

2 Von der Ananas Blatt- und Strunkende entfernen. Dann die schuppige Schale möglichst dick abschneiden, damit die „Augen" mit entfernt werden. Die Ananas zuerst in Scheiben schneiden, dann mit einem Ausstechförmchen die holzige Mitte ausstechen. Ananasscheiben in kleine Stücke schneiden und 300 g abwiegen.

3 Johannisbeersaft, Ananasstücke und Lorbeerblätter in einem großen Kochtopf mit Super Gelierzucker gut verrühren. Alles unter Rühren bei starker Hitze zum Kochen bringen und unter ständigem Rühren mindestens 3 Minuten sprudelnd kochen lassen. Topf von der Kochstelle nehmen.

4 Kochgut eventuell abschäumen und Lorbeerblätter entfernen. Kochgut sofort randvoll in vorbereitete Gläser füllen. Gläser mit Twist-off-Deckeln® verschließen, umdrehen und etwa 5 Minuten auf den Deckeln stehen lassen.

Scharfe Aprikosenkonfitüre

Zubereitungszeit: 35 Minuten | Haltbarkeit: kühl und dunkel gestellt 3–4 Monate

Insgesamt: E: 6 g, F: 1 g, Kh: 598 g, kJ: 10706, kcal: 2556 | Mit Alkohol | 5–6 Gläser je 200 ml

Zutaten

650 g Aprikosen (vorbereitet gewogen)

30 g rote Peperoni (vorbereitet gewogen, von etwa 3 Stück)

350 ml Cidre oder Apfelsaft (Handelsware)

1 Pck. (5 g) Zitronensäure

500 g Zucker

1 Beutel (25 g) Gelfix Extra 2:1

Zubereitung

1 Aprikosen waschen, abtropfen lassen, halbieren, entsteinen, in kleine Stücke schneiden und 650 g abwiegen. Peperoni halbieren, entstielen, entkernen und die weißen Scheidewände entfernen. Peperoni abspülen, abtropfen lassen, in sehr kleine Würfel schneiden und 30 g abwiegen.

2 Aprikosenstücke, Peperoniwürfel, Cidre oder Apfelsaft und Zitronensäure in einen großen Kochtopf geben. Zucker mit Gelfix Extra mischen, dann mit der Fruchtmasse verrühren.

3 Alles unter Rühren bei starker Hitze zum Kochen bringen und unter ständigem Rühren mindestens 3 Minuten sprudelnd kochen lassen. Topf von der Kochstelle nehmen.

4 Kochgut eventuell abschäumen und sofort randvoll in vorbereitete Gläser füllen. Gläser mit Twist-off-Deckeln® verschließen, umdrehen und etwa 5 Minuten auf den Deckeln stehen lassen.

Sauerkirsch-Heidelbeer-Konfitüre

Zubereitungszeit: 1 Stunde | Haltbarkeit: kühl und dunkel gestellt etwa 1 Jahr
Insgesamt: E: 8 g, F: 5 g, Kh: 431 g, kJ: 7888, kcal: 1865 | Einfach | etwa 6 Gläser je 200 ml

Zutaten

500 g Sauerkirschen (vorbereitet gewogen)

500 g Heidelbeeren (vorbereitet gewogen)

1 Pck. (350 g) Diät Gelier-Fruchtzucker

Zubereitung

1 Sauerkirschen waschen, abtropfen lassen, entstielen und entsteinen. Sauerkirschen halbieren. Einen Teil der Sauerkirschhälften grob pürieren und 500 g abwiegen. Heidelbeeren waschen, abtropfen lassen, pürieren und 500 g abwiegen.

2 Die Fruchtmasse mit Diät Gelier-Fruchtzucker in einem großen Kochtopf gut verrühren. Dann alles unter Rühren bei starker Hitze zum Kochen bringen und unter ständigem Rühren mindestens 3 Minuten sprudelnd kochen lassen. Topf von der Kochstelle nehmen.

3 Kochgut eventuell abschäumen und sofort randvoll in vorbereitete Gläser füllen. Die Gläser mit Twist-off-Deckeln® verschließen, umdrehen und etwa 5 Minuten auf den Deckeln stehen lassen.

Brombeerlikör (im Foto links)

Zubereitungszeit: 30 Minuten, ohne Abkühlzeit I Durchziehzeit: 6–8 Wochen I Haltbarkeit: 4–6 Monate
Insgesamt: E: 1 g, F: 1 g, Kh: 151 g, kJ: 5050, kcal: 1206 I Gut vorzubereiten I etwa 700 ml

60 ml Wasser

150 g Zucker

200 g Brombeeren

250 ml (¼ l) Wodka (40 Vol.-%)

1 Zimtstange

1 Wasser mit Zucker in einem Topf zum Kochen bringen und kurz aufkochen. Die Zuckerlösung erkalten lassen.

2 Brombeeren verlesen, waschen, gut abtropfen lassen und eventuell entstielen. Die Brombeeren in ein gründlich gereinigtes, gespültes Glas (0,7 l) füllen.

3 Zuckerlösung und Wodka zu den Brombeeren ins Glas gießen. Die Zimtstange hinzufügen und umrühren. Das Glas mit einem Deckel fest verschließen und den Likör kalt gestellt 6–8 Wochen durchziehen lassen.

4 Nach der Durchziehzeit den Likör in eine gründlich gereinigte, gespülte Flasche abfiltern und die Flasche gut verschließen.

Himbeerlikör (im Foto rechts)

Zubereitungszeit: 30 Minuten I Durchziehzeit: 4 Wochen I Haltbarkeit: gekühlt 4–6 Monate
Insgesamt: E: 7 g, F: 3 g, Kh: 223 g, kJ: 12641, kcal: 3019 I Fruchtig I 2 Flaschen je 500 ml (1 l)

500 g Himbeeren

1 Limette

1 Vanilleschote

0,7 l Doppelkorn (38 Vol.-%)

100 ml Weingeist/Ethanol (hochprozentiger Alkohol aus der Apotheke, 90 Vol.-%)

200 g Zucker

1 Himbeeren verlesen, vorsichtig unter kaltem Wasser abspülen und gut abtropfen lassen. Limette so schälen, dass die weiße Haut mit entfernt wird, Limette in Scheiben schneiden.

2 Himbeeren und Limettenscheiben in ein gründlich gereinigtes, gespültes Glas (1 ½ l Inhalt) geben. Vanilleschote halbieren und das Mark herauskratzen. Schote und Mark mit in das Glas legen.

3 Doppelkorn mit Weingeist verrühren, den Zucker unter Rühren darin auflösen. Die Himbeeren mit der Alkoholmischung begießen. Das Glas mit einem Deckel fest verschließen und kalt gestellt 4 Wochen durchziehen lassen.

4 Nach der Durchziehzeit die Flüssigkeit in 2 vorbereitete Flaschen abfiltern und die Flaschen gut verschließen.

Tipp

Die alkoholisierten Beeren schmecken sehr gut zu Vanilleeis und Pudding.

Rote-Grütze-Likör

Zubereitungszeit: 1 Stunde | Durchziehzeit: 6–8 Wochen | Haltbarkeit: gekühlt etwa 6 Monate

Insgesamt: E: 10 g, F: 3 g, Kh: 336 g, kJ: 15281, kcal: 3651 | Für Gäste | etwa 1 ½ l

Zutaten

500 g Sauerkirschen

300 g Erdbeeren

150 g schwarze Johannisbeeren

150 g rote Johannisbeeren

250 g weißer Kandis

1 l Doppelkorn (38 Vol.-%)

1 Zimtstange

Saft von 1 Zitrone

Zubereitung

1 Kirschen, Erdbeeren und Johannisbeeren waschen, gut abtropfen lassen und entstielen. Kirschen entsteinen. Früchte in ein gründlich gereinigtes, gespültes hohes Glas (2 l Inhalt) füllen.

2 Kandis auf die Früchte geben und den Korn in das Glas gießen. Die Früchte müssen vollständig mit dem Alkohol bedeckt sein. Zimtstange und Zitronensaft hinzufügen und alles einmal gut durchrühren.

3 Das Glas mit einem Deckel fest verschließen und kalt gestellt 6–8 Wochen durchziehen lassen. In der ersten Woche 2–3-mal umrühren.

4 Rote-Grütze-Likör nach Belieben in kleinere Gläser oder Flaschen mit einem dickeren Flaschenhals umfüllen, diese fest verschließen und kalt stellen.

Orangen-Sahne-Likör

Zubereitungszeit: 20 Minuten | Durchziehzeit: etwa 1 Stunde | Haltbarkeit: gekühlt 8–10 Wochen

Insgesamt: E: 20 g, F: 174 g, Kh: 229 g, kJ: 18184, kcal: 4345 | Etwas aufwändiger | etwa 1,3 Liter

Zutaten

Saft (etwa 1 l) und Schale von 8 Bio-Orangen (unbehandelt)

125 g weißer Kandis

500 g haltbare Schlagsahne

3 Eigelb (Größe M)

700 ml Wodka (40 Vol.-%)

Zubereitung

1 Orangen gründlich heiß abwaschen und abtrocknen. Die Schale abreiben. Dabei darauf achten, dass nur die orange Schale und nicht das Weiße abgerieben wird. Orangen halbieren und den Saft auspressen. Den Saft in einem Topf bei mittlerer Hitze sirupartig einkochen lassen.

2 Kandis, Schlagsahne und Orangenschale in einen Topf geben, kurz aufkochen lassen und etwa 1 Stunde durchziehen lassen. Eigelbe in einer großen Rührschüssel verschlagen.

3 Anschließend die Sahne nochmals aufkochen, heiß zu dem Eigelb geben und gut verrühren. Orangensirup und Wodka hinzugießen und gut verrühren. Anschließend den Likör durch ein feines Sieb gießen und in gründlich gereinigte, gespülte Flaschen füllen. Flaschen gut verschließen, den Likör erkalten lassen und gut gekühlt servieren.

Piña-Colada-Likör

Zubereitungszeit: 40 Minuten | Haltbarkeit: gekühlt 1–2 Wochen
Insgesamt: E: 9 g, F: 69 g, Kh: 290 g, kJ: 11582, kcal: 2778 | Raffiniert | etwa 1,4 l

800 g Ananas-Fruchtfleisch (vorbereitet gewogen)

400 ml ungesüßte Kokosmilch

180 g Rohrzucker

400 ml weißer Rum (37,5 Vol.-%)

1 Von der Ananas das Blatt- und Strunkende und von dem obersten Stück die Schale abschneiden. Die Ananas der Länge nach vierteln und den inneren, harten Strunk herausschneiden. Ananasviertel schälen und das Fruchtfleisch in kleine Würfel schneiden.

2 Die Ananaswürfel mit Kokosmilch, Rohrzucker und Rum in einen Mixer geben und so lange mixen, bis eine cremige Masse entstanden ist. Oder die Ananaswürfel fein pürieren und mit den restlichen Zutaten mit Handrührgerät mit Rührbesen verrühren, bis der Zucker gelöst ist.

3 Piña-Colada-Likör in gründlich gereinigte, gespülte Flaschen füllen und mit einem Flaschenverschluss fest verschießen. Likör sofort genießen oder im Kühlschrank aufbewahren.

Liebesapfellikör

Zubereitungszeit: 30 Minuten | Haltbarkeit: gekühlt etwa 14 Tage

Insgesamt: E: 1 g, F: 1 g, Kh: 259 g, kJ: 8700, kcal: 2081 | Etwas Besonderes | 1 Flasche etwa 1,4 Liter

3 säuerliche Äpfel (etwa 400 g, z. B. Boskop)

Saft von 1 Zitrone

80 g gesiebter Puderzucker

200 ml Grenadine-Sirup

500 ml (½ l) Doppelkorn (38 Vol.-%)

1 Äpfel waschen, schälen, vierteln, entkernen und in kleine Stücke schneiden. Apfelstücke mit Zitronensaft mischen, in einen Mixer füllen und pürieren. Puderzucker, Sirup und Doppelkorn hinzufügen und noch einmal kräftig durchmixen.

2 Liebesapfellikör in eine gründlich gereinigte, gespülte Flasche füllen und fest verschließen. Den Likör sofort genießen oder im Kühlschrank aufbewahren. Vor dem Servieren den Likör kräftig durchschütteln.

Kräuterlikör

Zubereitungszeit: 20 Minuten, ohne Abkühlzeit | Durchziehzeit: 2 Wochen | Haltbarkeit: gekühlt etwa 4 Wochen
Insgesamt: E: 0 g, F: 0 g, Kh: 433 g, kJ: 13835, kcal: 3302 | Würzig | 1 Flasche etwa 1 l

Zutaten

125 ml (⅛ l) Wasser

225 g Zucker

1 Stängel Rosmarin

1 Stängel Salbei

1 Stängel Basilikum

1 Stängel Thymian

1 Stängel Pfefferminze

1 Stängel Zitronenmelisse

5 Lorbeerblätter

700 ml Southern Comfort (40 Vol.-%)

Zubereitung

1 Wasser mit Zucker in einem Topf zum Kochen bringen und kurz aufkochen. Die Zuckerlösung erkalten lassen.

2 Kräuterstängel vorsichtig abspülen, trocken tupfen und mit den Lorbeerblättern in eine gründlich gereinigte, gespülte Flasche geben.

3 Zuckerlösung mit Southern Comfort verrühren und in die mit den Kräutern gefüllte Flasche füllen. Die Flasche mit einem Flaschenverschluss fest verschließen und kalt gestellt 2 Wochen durchziehen lassen, dabei die Flasche gelegentlich durchschütteln.

4 Nach der Durchziehzeit die Flüssigkeit nach Belieben in eine vorbereitete Flasche abfiltern und die Flasche fest verschließen.

Ginfrüchte

Zubereitungszeit: 25 Minuten | Durchziehzeit: 1 Woche | Haltbarkeit: 3–4 Wochen

Insgesamt: E: 6 g, F: 2 g, Kh: 544 g, kJ: 17306, kcal: 4134 | Gut vorzubereiten | 1 Glas etwa 2 l

Zutaten

1 Honigmelone (etwa 1 kg)

4 Kiwis

4 Nektarinen

375 g weißer Kandis

4 Pimentkörner

2 Zimtstangen

0,7 l Gin (37,5 Vol.-%)

Zubereitung

1 Honigmelone halbieren, entkernen, vierteln, schälen und das Melonenfleisch in Streifen schneiden. Die Fruchtstreifen in ein gründlich gereinigtes, gespültes, gut abgetropftes großes, verschließbares Glas (2 l) oder mehrere kleine Gläser geben.

2 Kiwis schälen und in Scheiben schneiden. Nektarinen waschen, abtrocknen, halbieren und entsteinen. Fruchtfleisch in Scheiben schneiden. Das Obst abwechselnd mit dem Kandiszucker in das große Glas bzw. die kleinen Gläser schichten.

3 Pimentkörner und Zimtstangen hinzufügen, mit dem Gin auffüllen. Glas bzw. Gläser verschließen und kalt stellen. Ginfrüchte etwa 1 Woche durchziehen lassen.

Kirschcremelikör (im Foto links)

Zubereitungszeit: 20 Minuten I Haltbarkeit: gekühlt etwa 14 Tage
Insgesamt: E: 22 g, F: 24 g, Kh: 480 g, kJ: 12812, kcal: 3063 I Fruchtig I 2 Flaschen je 700 ml

Zutaten

- 350 ml Kirschsirup
- 750 g Kirschjoghurt (3,5% Fett)
- 120 g Zucker
- 1 Pck. Dr. Oetker Vanillin-Zucker
- 40 ml Kirschwasser (42 Vol.-%)
- 350 ml Doppelkorn (38 Vol.-%)

Zubereitung

1 Kirschsirup mit Kirschjoghurt, Zucker und Vanillin-Zucker in einem Mixer mixen oder mit Handrührgerät mit Rührbesen auf höchster Stufe etwa 1 Minute durchrühren.

2 Kirschwasser und Doppelkorn hinzugeben, nochmals gut durchmixen oder durchrühren.

3 Kirschcremelikör in 2 gründlich gereinigte, gespülte Flaschen füllen, mit einem Flaschenverschluss fest verschließen und kalt stellen.

Tipp

Bereiten Sie diesen Likör mit 500 g frischen Süßkirschen zu. Waschen, entsteinen und pürieren Sie die Kirschen. Geben Sie unter Punkt 1 die Kirschen mit in den Mixer und lassen Sie dafür den Zucker weg.

Erdbeer-Joghurt-Likör (im Foto rechts)

Zubereitungszeit: 30 Minuten I Haltbarkeit: gekühlt etwa 2 Wochen
Insgesamt: E: 18 g, F: 18 g, Kh: 246 g, kJ: 8625, kcal: 2061 I Beliebt I 2 Flaschen je 700 ml

Zutaten

- 500 g Erdbeeren
- 200 ml Erdbeersirup
- 500 g Erdbeerjoghurt (3,5 % Fett)
- 1 Pck. Dr. Oetker Vanillin-Zucker
- 400 ml Doppelkorn (38 Vol.-%)

Zubereitung

1 Erdbeeren waschen, abtropfen lassen, entstielen und vierteln. Erdbeerviertel mit Sirup, Joghurt und Vanillin-Zucker in einem hohen Rührbecher pürieren oder mit Handrührgerät mit Rührbesen auf höchster Stufe etwa 1 Minute durchrühren.

2 Doppelkorn hinzugießen und nochmals gut durchmixen bzw. durchrühren.

3 Likör in 2 vorbereitete Flaschen füllen, fest verschließen und anschließend kalt stellen.

Tipp

Likör vor dem Servieren kräftig durchschütteln.

VON HERZEN

Limettenlikör

Zubereitungszeit: 30 Minuten, ohne Abkühlzeit | Durchziehzeit: 4 Wochen | Haltbarkeit: gekühlt 4–6 Wochen

Insgesamt: E: 0 g, F: 0 g, Kh: 251 g, kJ: 11269, kcal: 2694 | Fruchtig | etwa 1 l

Zutaten

150 ml Wasser

250 g Rohrzucker

4 Bio-Limetten (unbehandelt)

1 Zimtstange

550 ml Rum (54 Vol.-%)

Zubereitung

1. Wasser mit Rohrzucker in einem Topf zum Kochen bringen und kurz aufkochen lassen. Zuckerlösung erkalten lassen.
2. Limetten heiß abwaschen, abtrocknen und 2 Limetten dünn schälen. Limetten halbieren und auspressen.
3. Limettenschale mit Limettensaft, Zimtstange, Zuckerlösung und Rum in eine gründlich gereinigte, gespülte Flasche geben. Die Flasche mit einem Flaschenverschluss fest verschließen und einmal kräftig durchschütteln. Den Likör an einem kühlen Ort etwa 4 Wochen durchziehen lassen.
4. Nach der Durchziehzeit den Likör in vorbereitete kleine Flaschen abfiltern und die Flaschen gut verschließen.

Heidelbeerlikör

Zubereitungszeit: 20 Minuten I Durchziehzeit: etwa 6 Wochen I Haltbarkeit: gekühlt etwa 2 Monate
Insgesamt: E: 1 g, F: 1 g, Kh: 187 g, kJ: 9125, kcal: 2181 I Raffiniert I 2 Flaschen je 625 ml

200–300 g Heidelbeeren

175 g brauner Kandis

1 zerkleinerte Zimtstange

4 Gewürznelken

700 ml Weizenkorn (38 Vol.-%)

1 Heidelbeeren verlesen, vorsichtig abspülen und gut abtropfen lassen.

2 Zu gleichen Teilen die Heidelbeeren mit Kandis, Zimt und Nelken in 2 vorbereitete Flaschen geben und mit dem Weizenkorn auffüllen.

3 Die Flaschen verschließen, vorsichtig schütteln und kalt stellen. Den Heidelbeerlikör etwa 6 Wochen durchziehen lassen. Bis sich der Kandis aufgelöst hat, die Flaschen gelegentlich vorsichtig schütteln.

4 Den Likör nach Belieben durch ein feines Sieb gießen, wieder in die gut gesäuberten großen Flaschen oder in kleine Flaschen umfüllen, fest verschließen und kalt stellen.

Himbeer-Aprikosen-Likör

Zubereitungszeit: 40 Minuten, ohne Abkühlzeit | Durchziehzeit: etwa 6 Wochen | Haltbarkeit: gekühlt etwa 6 Monate

Insgesamt: E: 6 g, F: 1 g, Kh: 732 g, kJ: 21829, kcal: 5215 | Beliebt | etwa 2 Liter

Zutaten

300 ml Wasser

700 g Zucker

1,1 l Doppelkorn (38 Vol.-%)

600 g frische Himbeeren

600 g Aprikosen
(vorbereitet gewogen)

Zubereitung

1 Wasser in einem Topf zum Kochen bringen. Zucker hinzufügen und so lange rühren, bis sich der Zucker aufgelöst hat. Anschließend bei mittlerer Hitze etwa 10 Minuten sirupartig einkochen lassen. Topf von der Kochstelle nehmen. 100 ml Doppelkorn abmessen, mit dem Zuckersirup verrühren und erkalten lassen.

2 In der Zwischenzeit Himbeeren verlesen, eventuell kurz abspülen und gut abtropfen lassen. Aprikosen abspülen und trocken tupfen. Aprikosen halbieren, entsteinen und in kleine Stücke schneiden. Himbeeren und Aprikosen in einer flachen Schüssel mit einer Gabel oder einem Kartoffelstampfer zerdrücken und beiseitestellen.

3 Die vorbereiteten Früchte mit Saft, Zuckersirup und dem restlichen Doppelkorn in ein großes, gründlich gereinigtes, gespültes Glas füllen. Das Glas gut verschließen und an einem dunklen, kühlen Ort (am besten im Keller) etwa 6 Wochen durchziehen lassen. Das Glas ab und zu kurz schütteln.

4 Anschließend die Mischung durch ein feines Sieb gießen, den Likör auffangen und in gründlich gereinigte, gespülte Flaschen füllen. Die Flaschen gut verschließen und im Kühlschrank aufbewahren.

Tipp

Anstelle von Himbeeren und Aprikosen schmecken auch Erdbeeren und Limetten. Von den Limetten (Bio-Limetten, unbehandelt) die abgeriebene grüne Schale und den Saft verwenden.

Latte-Macchiato-Likör

Zubereitungszeit: 30 Minuten | Haltbarkeit: gekühlt etwa 14 Tage
Insgesamt: E: 80 g, F: 106 g, Kh: 350 g, kJ: 16743, kcal: 3997 | Raffiniert | 2 Flaschen je 700 ml

Zutaten

6 Eigelb (Größe M)

250 g gesiebter Puderzucker

2 Pck. Dr. Oetker Vanillin-Zucker

2 Dosen Kondensmilch (10 % Fett, je 340 ml)

150 ml Weingeist/Ethanol (hochprozentiger Alkohol aus der Apotheke, 90 Vol.-%)

150 ml Whisky (40 Vol.-%)

180 ml kalter, starker Espresso

Zubereitung

1. Eigelb, Puderzucker und Vanillin-Zucker mit Handrührgerät mit Rührbesen in 3 Minuten aufschlagen. Nach und nach Kondensmilch unterrühren.
2. Weingeist und Whisky langsam unter Rühren hinzugießen. Zum Schluss Espresso unterrühren.
3. Latte-Macchiato-Likör in zwei gründlich gereinigte, gespülte Flaschen füllen und fest verschließen. Likör sofort genießen oder im Kühlschrank aufbewahren.

Tipp

Für den Likör nur ganz frische Eier verwenden, die nicht älter als 5 Tage sind (Legedatum beachten!). Vor dem Servieren den Likör einmal gut durchschütteln.

Eingelegte Paprika mit Schafskäse

Zubereitungszeit: 1 Stunde I Haltbarkeit: gekühlt etwa 10 Tage

Insgesamt: E: 71 g, F: 311 g, Kh: 77 g, kJ: 14212, kcal: 3393 I Raffiniert I etwa 4 Gläser je 200 ml

Zutaten

je 3 rote, gelbe und grüne Paprikaschoten

300 g Schafskäse, im Stück

6 Schalotten

6 Knoblauchzehen

4 kleine rote Chilischoten

Saft von 3 Zitronen

½ TL Salz

frisch gemahlener Pfeffer

etwa 250 ml (¼ l) Olivenöl

Zubereitung

1. Den Backofen vorheizen.
   Ober-/Unterhitze: etwa 220 °C , Heißluft: etwa 200 °C

2. Paprikaschoten vierteln, entstielen, entkernen und die weißen Scheidewände entfernen. Schotenviertel waschen, abtropfen lassen und mit der Hautseite nach oben auf ein Backblech (gefettet) legen. Das Backblech in den vorgeheizten Backofen schieben.
   Bratzeit: 10–15 Minuten.

3. Paprikaviertel so lange braten, bis die Haut dunkel wird und Blasen wirft. Das Backblech aus dem Backofen nehmen. Paprikaviertel mit einem feuchten Tuch bedecken und etwas abkühlen lassen. Dann die Haut abziehen.

4. Schafskäse in Würfel schneiden. Schalotten und Knoblauch abziehen und in grobe Stücke schneiden. Chilischoten waschen und abtropfen lassen.

5. Paprikaviertel, Schafskäsewürfel, Schalotten- und Knoblauchstücke und Chilischoten in vorbereitete Gläser füllen. Mit Zitronensaft, Salz und Pfeffer würzen. Die Gläser randvoll mit Olivenöl auffüllen. Die Gläser mit einem Deckel verschließen und gut gekühlt etwa 5 Tage durchziehen lassen.

6. Eingelegte Paprika mit Schafskäse bis zum Verzehr im Kühlschrank aufbewahren.

Eingelegte Tomaten

Zubereitungszeit: 30 Minuten | Durchziehzeit: mindestens 3 Tage | Haltbarkeit: kühl und dunkel gestellt 2–3 Monate

Insgesamt: E: 17 g, F: 6 g, Kh: 52 g, kJ: 1796, kcal: 425 | Gut vorzubereiten | etwa 2 Gläser je 750 ml (¾ l)

Zutaten

1 kg reife Cocktailtomaten

4 Schalotten oder kleine weiße Zwiebeln

2 Knoblauchzehen

Für die Essiglösung:

1 Dolde Dill

500 ml (½ l) Weißweinessig

125 ml (⅛ l) Wasser

10 g Salz

10 g Zucker

2 Wacholderbeeren

1 Gewürznelke

10 g weiße und schwarze Pfefferkörner

10 g Senfkörner

1 Pck. Einmach-Hilfe

Zubereitung

1 Die Tomaten waschen, abtrocknen und vorsichtig die Stängelansätze herausschneiden. Jede Tomate 2–3-mal mit einem Holzspießchen einstechen.

2 Schalotten bzw. Zwiebeln und Knoblauch abziehen und mit den Tomaten in vorbereitete Gläser füllen.

3 Für die Essiglösung den Dill abspülen und trocken tupfen. Essig, Wasser, Salz, Zucker, Wacholderbeeren, Gewürznelke, Pfefferkörner, Senfkörner und Dill in einem Topf zum Kochen bringen. Kurz aufkochen lassen. Den Topf von der Kochstelle nehmen und Einmach-Hilfe unterrühren.

4 Die Tomaten mit der Essiglösung übergießen, sodass sie gut bedeckt sind. Die Gläser sofort mit Twist-off-Deckeln® verschließen, umdrehen und etwa 5 Minuten auf den Deckeln stehen lassen. Die Tomaten mindestens 3 Tage durchziehen lassen.

Senffrüchte

Zubereitungszeit: 50 Minuten I Haltbarkeit: gekühlt 6–8 Wochen
Insgesamt: E: 26 g, F: 7 g, Kh: 978 g, kJ: 17455, kcal: 4168 I Für Gäste I 2 Gläser je 500 ml (½ l)

Zutaten

500 g Birnen

500 g grüne, kernlose Weintrauben

500 g Aprikosen

500 g Pflaumen

Für die Essig-Zucker-Lösung:

200 ml Weißweinessig

200 ml Wasser

750 g Zucker

1 Dose (56 g) Senfmehl

Zubereitung

1 Birnen schälen, vierteln und entkernen. Birnenviertel quer halbieren. Weintrauben waschen, abtropfen lassen, entstielen und halbieren.

2 Aprikosen und Pflaumen waschen, abtropfen lassen, halbieren und entsteinen.

3 Für die Essig-Zucker-Lösung Essig, Wasser und Zucker in einem Topf zum Kochen bringen. Das vorbereitete Obst darin nacheinander bei schwacher Hitze glasig kochen. Das Obst jeweils mit einer Schaumkelle herausnehmen und in eine Schüssel geben. Das gegarte Obst vorsichtig vermengen und in vorbereitete Gläser füllen.

4 Den Sud mit Senfmehl verrühren, zum Kochen bringen und etwa 10 Minuten etwas einkochen lassen. Den heißen Sud auf dem Obst verteilen. Gläser sofort mit Twist-off-Deckeln® verschließen, umdrehen und etwa 5 Minuten auf den Deckeln stehen lassen. Senffrüchte bis zum Verzehr 2–3 Tage durchziehen lassen.

Süß-sauer eingelegte Zucchini mit Curry

Zubereitungszeit: 20 Minuten, ohne Durchziehzeit | Haltbarkeit: etwa 6 Monate

Insgesamt: E: 17 g, F: 4 g, Kh: 430 g, kJ: 8179, kcal: 1955 | Einfach | 1,2–1,4 Liter

Zutaten

4 Zucchini

1 Zwiebel

1 gestr. TL Salz

1 rote Paprikaschote

700 ml Weißweinessig oder weißer Balsamico-Essig

400 g Zucker

1–2 gestr. TL Selleriesalz

2 TL Currypulver indisch

Zubereitung

1 Zucchini waschen, abtrocknen und die Enden abschneiden. Zucchini in haselnussgroße Würfel schneiden. Zwiebel abziehen und in kleine Würfel schneiden.

2 Zucchini- und Zwiebelwürfel in einer Schüssel mischen, Salz untermengen. Zucchini-Zwiebel-Mischung über Nacht durchziehen lassen.

3 Zucchini-Zwiebel-Mischung auf ein Sieb geben, mit kaltem Wasser abspülen und gut abtropfen lassen.

4 Paprikaschote halbieren, entstielen, entkernen und die weißen Scheidewände entfernen. Schotenhälften waschen, trocken tupfen und in Streifen schneiden. Zucchini-Zwiebel-Mischung in einer Schüssel mit den Paprikastreifen mischen.

5 Essig, Zucker, Selleriesalz und Curry in einem Topf zum Kochen bringen. Die heiße Essig-Zucker-Lösung über die Zucchini-Paprika-Mischung gießen und sofort randvoll in vorbereitete Gläser füllen.

6 Die Gläser sofort mit Twist-off-Deckeln® verschließen. Eingelegte Zucchini 3–4 Wochen bis zum Verzehr durchziehen lassen.

Gewürzbirnen mit rotem Pfeffer (im Foto vorn)

Zubereitungszeit: 40 Minuten, ohne Durchziehzeit I Haltbarkeit: gekühlt 2–3 Monate

Insgesamt: E: 11 g, F: 7 g, Kh: 376 g, kJ: 7922, kcal: 1888 I Mit Alkohol I etwa 2 Gläser je 1 Liter

1 ¾ kg kleine, reife Birnen

400 ml Weißweinessig

je ½ EL Koriandersamen und Kreuzkümmel

Schale von 1 Bio-Orange (unbehandelt)

375 ml (⅜ l) Weißwein

2 EL Sherry

100 g flüssiger Honig

125 g Zucker

½ TL Salz

1 EL eingelegte rote Pfefferkörner

1 Birnen schälen, halbieren, entkernen, in 400 ml Weinessig legen und etwa 7 Stunden durchziehen lassen.

2 Koriander und Kreuzkümmel in einer Pfanne ohne Fett kurz rösten und herausnehmen. Orange heiß abwaschen, abtrocknen und die Schale dünn raspeln oder hauchdünn schälen.

3 Wein, Sherry, Honig, Zucker, Salz, Koriander, Kreuzkümmel, Pfefferkörner und Orangenschale in einem Topf zum Kochen bringen und abschmecken, eventuell nachsalzen.

4 Birnenhälften in vorbereitete Einkochgläser schichten, mit dem heißen Sud übergießen. Jeweils Gummiring und Deckel nass auf den gesäuberten Glasrand legen, mit Bügel oder Feder verschließen. Gläser auf einem Einsatz in den Einkochtopf stellen und so viel kaltes Wasser hinzugießen, dass die Gläser zu ¾ von Wasser umgeben sind.

5 Den Topf verschließen. Die Birnen etwa 30 Minuten bei etwa 90 °C einkochen (besonders harte Birnen etwa 45 Minuten einkochen). Die Gläser mit den Birnen herausnehmen und erkalten lassen.

Gewürzgurken (im Foto hinten)

Zubereitungszeit: 1 Stunde, ohne Durchziehzeit I Haltbarkeit: gekühlt etwa 6 Monate

Insgesamt: E: 80 g, F: 106 g, Kh: 350 g, kJ: 16743, kcal: 3997 I Klassisch – dauert länger I etwa 3 Gläser je 1 Liter

2 kg nicht zu große Einlegegurken

500 ml (½ l) Wasser, etwa 40 g Salz

3–4 Zwiebeln oder Perlzwiebeln (etwa 185 g)

40 g frischer Meerrettich

4–5 Zweige Dill, 2–3 Zweige Estragon

2 frische rote Pfefferschoten

1 EL Senfkörner, ½ EL Pfefferkörner

2–3 Lorbeerblätter

Für die Essig-Zucker-Lösung

500 ml (½ l) Weißweinessig

750 ml (¾ l) Wasser, 150 g Zucker

½ Pck. Einmach-Hilfe

1 Gurken gründlich waschen und in eine Schüssel geben. Wasser mit Salz verrühren, über die Gurken gießen und 12–24 Stunden an einem kühlen Ort stehen lassen.

2 Gurken aus dem Salzwasser nehmen, sorgfältig abbürsten und abspülen. Gurken einzeln mit einem Tuch abtrocknen und die schlechten Stellen entfernen.

3 Zwiebeln abziehen und in Scheiben schneiden. Meerrettich schälen und in Stücke schneiden. Dill- und Estragonzweige abspülen, trocken tupfen. Pfefferschoten waschen, abtrocknen und in Scheiben schneiden.

4 Gurken abwechselnd mit den vorbereiteten Zutaten, Senfkörnern, Pfefferkörnern und Lorbeerblättern in vorbereitete Gläser schichten.

5 Für die Essig-Zucker-Lösung Essig mit Wasser und Zucker in einem Topf zum Kochen bringen. Topf von der Kochstelle nehmen, Einmach-Hilfe unterrühren. So viel von der Essig-Zucker-Lösung über die Gurken gießen, dass sie gut bedeckt sind.

6 Die Gläser sofort mit Twist-off-Deckeln® verschließen, an einem kühlen Ort (im Keller) mindestens 3 Wochen bis zum Verzehr durchziehen lassen.

Möhren-Champignons, eingelegt

Zubereitungszeit: 40 Minuten | Durchziehzeit: mindestens 2–3 Tage | Haltbarkeit: gekühlt 2–3 Wochen

Insgesamt: E: 15 g, F: 2 g, Kh: 71 g, kJ: 1772, kcal: 425 | Preiswert | 2 Gläser je 500 ml (½ l)

Zutaten

400 g nicht zu kleine Möhren

200 g sehr kleine Champignons

Saft von 1 Zitrone

1 Bund Frühlingszwiebeln

Für die Essiglösung:

250 ml (¼ l) Rotweinessig

2 EL Zucker

125 ml (⅛ l) Wasser

2 TL weiße Pfefferkörner

1 TL Fenchelsamen

3 Salbeiblättchen

1–2 Lorbeerblätter

Salz

2 Msp. Einmach-Hilfe

Zubereitung

1 Möhren putzen, schälen, waschen, abtropfen lassen und längs in regelmäßigen Abständen 4–5 Vertiefungen ausschneiden. Möhren in Scheiben schneiden (es entsteht eine Blütenform).

2 Möhrenscheiben mit den entstandenen ausgeschnittenen Möhrenstreifen in eine Schüssel geben. Champignons putzen, mit Küchenpapier abreiben, eventuell abspülen und trocken tupfen. Mit Zitronensaft zu den Möhrenscheiben geben.

3 Frühlingszwiebeln putzen, waschen, abtropfen lassen und in Stücke schneiden.

4 Für die Essiglösung Essig mit Zucker, Wasser, Pfefferkörnern, Fenchelsamen, Salbeiblättchen, Lorbeerblättern und Salz in einem Topf zum Kochen bringen.

5 Möhrenscheiben und Champignons hinzufügen, zum Kochen bringen und etwa 5 Minuten ziehen lassen. Topf von der Kochstelle nehmen.

6 Möhrenscheiben mit Champignons und Frühlingszwiebelstücken in vorbereitete Gläser füllen. Die Essiglösung nochmals zum Kochen bringen. Den Topf von der Kochstelle nehmen und Einmach-Hilfe unterrühren. Die Essiglösung über das Gemüse gießen. Die Gläser sofort mit Twist-off-Deckeln® verschließen und kalt gestellt mindestens 2–3 Tage bis zum Verzehr durchziehen lassen.

Zucchini, süß-sauer

Zubereitungszeit: 45 Minuten | Haltbarkeit: kühl und dunkel gestellt etwa 6 Monate

Insgesamt: E: 28 g, F: 6 g, Kh: 341 g, kJ: 6643, kcal: 1589 | Raffiniert | 1 Drahtbügelglas etwa 1 l

Zutaten

750 g kleine Zucchini (vorbereitet gewogen)

300 g Silberzwiebeln (vorbereitet gewogen)

1 Bund Dill

325 ml Weißweinessig

325 ml Wasser

275 g Zucker

1 ½ gestr. EL Salz

1 EL Senfkörner

2 Msp. Einmach-Hilfe

Zubereitung

1 Zucchini waschen, abtrocknen und die Enden abschneiden. Zucchini längs halbieren und in etwa ½ cm dicke Scheiben schneiden. Silberzwiebeln abziehen. Dill abspülen und trocken tupfen.

2 Essig, Wasser, Zucker und Salz in einem Topf zum Kochen bringen, bis sich der Zucker vollständig aufgelöst hat. Silberzwiebeln hinzufügen, zum Kochen bringen und etwa 5 Minuten kochen. Zucchinischeiben hinzugeben und einmal aufkochen lassen.

3 Das Gemüse mit einer Schaumkelle aus der Kochflüssigkeit nehmen, mit Senfkörnern und Dill in ein vorbereitetes Drahtbügelglas geben.

4 Die Kochflüssigkeit nochmals aufkochen lassen. Den Topf von der Kochstelle nehmen. Einmach-Hilfe unterrühren und die Flüssigkeit über das Gemüse gießen (mit Glasteller beschweren).

5 Gummiring und Deckel nass auf den gesäuberten Glasrand legen. Glas verschließen.

Zwiebelchen, süß-sauer

Zubereitungszeit: 35 Minuten I Durchziehzeit: etwa 1 Woche I Haltbarkeit: kühl und dunkel gestellt etwa 2 Monate
Insgesamt: E: 6 g, F: 1 g, Kh: 127 g, kJ: 2568, kcal: 612 I Für Gäste – mit Alkohol I etwa 2 Drahtbügelgläser je 500 ml (½ l)

Zutaten

100 ml Weißwein

100 ml Weißweinessig

100 g brauner Rohrzucker

10 g Senfkörner

1 Lorbeerblatt

2 Pimentkörner

4 Pfefferkörner

1 Wacholderbeere

1 Sternanis

½ TL gemahlener Ingwer

etwa 300 g kleine Zwiebeln

Zubereitung

1 Wein, Essig, Rohrzucker, Senfkörner, Lorbeerblatt, Pimentkörner, Pfefferkörner, Wacholderbeere, Sternanis und Ingwer in einem Topf zum Kochen bringen und zu einem Sud einkochen lassen.

2 Zwiebeln abziehen, in den Sud geben, zum Kochen bringen und 8–12 Minuten (je nach Größe) kochen lassen.

3 Zwiebeln mit dem Sud in vorbereitete Drahtbügelgläser füllen. Jeweils Gummiring und Deckel nass auf den gesäuberten Glasrand legen. Gläser verschließen.

4 Die Zwiebelchen etwa 1 Woche durchziehen lassen.

Pflaumen, süßsauer-scharf

Zubereitungszeit: 50 Minuten, ohne Kühlzeit | Haltbarkeit: gekühlt 6 Wochen

Insgesamt: E: 7 g, F: 2 g, Kh: 412 g, kJ: 8284, kcal: 1978 | Mit Alkohol | etwa 1 Liter

- 1 kg Pflaumen
- 50 g Ingwer
- 25 g rote Pfefferschoten
- Schale von ½ Bio-Zitrone (unbehandelt)
- 50 ml Weiß- oder Rotweinessig
- 300 g brauner Zucker (Kandisfarin)
- 150 ml Rotwein
- 150 ml trockener Portwein
- 1 Zimtstange
- 1 Msp. Einmach-Hilfe

1. Pflaumen waschen, gut abtropfen lassen, entstielen, halbieren, entsteinen, vierteln und in eine große Schüssel geben. Ingwer schälen und in dünne Scheiben schneiden.
2. Pfefferschoten abspülen, trocken tupfen, halbieren, entkernen und quer in dünne Streifen schneiden (danach gründlich die Hände waschen!). Zitrone heiß abwaschen, abtrocknen und hauchdünn mit einem Sparschäler schälen.
3. Essig mit Zucker, Rotwein, Portwein, Ingwerscheiben, Pfefferschotenstreifen, Zitronenschale und Zimtstange in einem Topf aufkochen. Die Flüssigkeit über die Pflaumenhälften gießen und alles zugedeckt über Nacht kalt stellen.
4. Pflaumenhälften auf einem Sieb abtropfen lassen, dabei den Sud auffangen. Pflaumenhälften in vorbereitete Gläser schichten. Gläser auf ein feuchtes Tuch stellen.
5. Den Sud nochmals aufkochen, eventuell mit Essig und Zucker abschmecken. Den Topf von der Kochstelle nehmen und Einmach-Hilfe unterrühren.
6. Den Sud kochend heiß über die Pflaumenhälften gießen, bis sie ganz mit dem Sud bedeckt sind. Gläser sofort mit Twist-off-Deckeln® verschließen, erkalten und etwa 2 Tage bis zum Verzehr durchziehen lassen.

Tipp

Die Pflaumen zu Gänse-, Enten- oder Schweinebraten reichen.

Würzig eingelegte Rote Bete

Zubereitungszeit: 50 Minuten I Haltbarkeit: dunkel gestellt etwa 6 Monate

Insgesamt: E: 21 g, F: 7 g, Kh: 163 g, kJ: 3561, kcal: 854 I Dauert länger I 3 Gläser je 500 ml (½ l)

Zutaten

4 große Knollen Rote Bete (etwa 1 kg)

kochendes Salzwasser (auf 1 l Wasser 1 TL Salz)

5 Zwiebeln

2 Lorbeerblätter

12–15 Gewürznelken

12–15 Pimentkörner

1 EL Senfsamen

Für die Essig-Zucker-Lösung:

500 ml (½ l) Wasser

75 g Zucker

1 gestr. TL Salz

250 ml (¼ l) Weißweinessig

Zubereitung

1 Von der Roten Bete Wurzeln und Blätter etwa 3 cm hoch über den Knollen abschneiden. Die Knollen mit der Bürste unter fließendem Wasser säubern, in kochendes Salzwasser geben, zum Kochen bringen und zugedeckt etwa 1 Stunde weich kochen lassen.

2 Rote Bete aus dem Kochwasser nehmen, mit kaltem Wasser übergießen, schälen, vierteln und in Scheiben schneiden.

3 Zwiebeln abziehen und in Scheiben schneiden. Lorbeerblätter in kleine Stücke brechen.

4 Rote-Bete-Scheiben mit Zwiebelscheiben, Lorbeerblattstückchen, Nelken, Piment- und Senfkörnern gleichmäßig in vorbereitete Gläser schichten.

5 Für die Essig-Zucker-Lösung Wasser mit Zucker und Salz in einem Topf kurz aufkochen lassen. Topf von der Kochstelle nehmen. Essig unterrühren.

6 Die Essig-Zucker-Lösung über die Rote-Bete-Scheiben gießen. Die Gläser sofort mit Twist-off-Deckeln® verschließen, umdrehen und etwa 5 Minuten auf den Deckeln stehen lassen.

Provenzalisches Gemüse

Zubereitungszeit: 1 Stunde | Haltbarkeit: kühl und dunkel gestellt etwa 6 Monate

Insgesamt: E: 17 g, F: 6 g, Kh: 193 g, kJ: 4728, kcal: 1128 | Mit Alkohol | 3–4 Gläser je 370 ml

Zutaten

je 1–2 rote und gelbe Paprikaschoten (etwa 500 g)

250 g Zucchini

250 g Auberginen

250 g kleine Tomaten

Für den Sud:

250 ml (¼ l) Weißwein

250 ml (¼ l) Weißweinessig

250 ml (¼ l) Wasser

¼ Bio-Zitrone (unbehandelt), in Scheiben

½ EL Senfkörner

je 7–8 Piment- und schwarze Pfefferkörner

1 ½ schwach geh. TL Salz

150 g Zucker

2–3 Knoblauchzehen

¼ Bund Thymian

1–2 Zweige Rosmarin

½ Pck. Einmach-Hilfe

Zubereitung

1 Paprikaschoten halbieren, entstielen, entkernen und die weißen Scheidewände entfernen. Schoten waschen, abtropfen lassen und in breite Streifen schneiden. Zucchini waschen, abtrocknen und die Enden abschneiden. Zucchini in Größe der Paprikaschotenstreifen oder in Scheiben schneiden.

2 Auberginen waschen, abtrocknen und die Stängelansätze abschneiden. Auberginen in Größe der Zucchini schneiden. Tomaten waschen, abtropfen lassen, kreuzweise einschneiden und kurz in kochendes Wasser legen. Tomaten in kaltem Wasser abschrecken, enthäuten, halbieren, entkernen und die Stängelansätze herausschneiden.

3 Für den Sud Wein, Essig, Wasser, Zitronenscheiben, Senf-, Piment-, Pfefferkörner, Salz und Zucker in einem Topf zum Kochen bringen. Zugedeckt etwa 10 Minuten kochen lassen. Paprikastreifen hinzugeben und weitere etwa 7 Minuten kochen lassen. Zucchini- und Auberginenstücke hinzufügen und nochmals etwa 2 Minuten kochen lassen. Zuletzt Tomatenhälften unterheben und mit erhitzen.

4 Knoblauch abziehen und in Scheiben schneiden. Thymian und Rosmarin abspülen und trocken tupfen. Die Blättchen und Nadeln von den Stängeln zupfen.

5 Das gegarte Gemüse mit einer Schaumkelle aus dem Sud nehmen. Mit Knoblauchscheiben, Thymianblättchen und Rosmarinnadeln in vorbereitete Gläser füllen.

6 Den Sud wieder zum Kochen bringen und etwa 10 Minuten ohne Deckel kochen lassen. Den Topf von der Kochstelle nehmen, Einmach-Hilfe unter den Sud rühren. Den Sud durch ein Sieb geben und sofort randvoll in die Gläser gießen. Die Gläser sofort mit Twist-off-Deckeln® verschließen, umdrehen und etwa 5 Minuten auf den Deckeln stehen lassen.

Tipp

Mit Fladenbrot und Crème fraîche mit frischen Kräutern als Vorspeise oder kleine Mahlzeit servieren.

Mixed Pickles mit Ingwer und Minze

Zubereitungszeit: 30 Minuten, ohne Einlegzeit I Durchziehzeit: etwa 6 Wochen I Haltbarkeit: kühl, dunkel und trocken gestellt 6–9 Monate
Insgesamt: E: 18 g, F: 2 g, Kh: 36 g, kJ: 1648, kcal: 395 I Klassisch I 1 Glas etwa 2,2 l

Zutaten

1 kg gemischtes Gemüse der Saison, z. B. 1 kleine Fenchelknolle, Möhren, Staudensellerie, rote und gelbe Paprikaschoten, Frühlingszwiebeln, Blumenkohl, Brokkoli oder Romanesco

110 g Meersalz

3 Stängel frische Minze

1 walnussgroßes Stück Ingwer

1 l Reisessig

Zubereitung

1 Von der Fenchelknolle die Stiele dicht oberhalb der Knolle abschneiden. Braune Stellen und Blätter entfernen. Wurzelende gerade schneiden. Die Knolle waschen, abtropfen lassen, halbieren und in Spalten schneiden. Möhren putzen, schälen, abspülen, abtropfen lassen. Staudensellerie putzen und die harten Außenfäden abziehen. Sellerie waschen, abtropfen lassen. Möhren und Selleriestangen vierteln.

2 Paprikaschoten halbieren, entstielen, entkernen und die weißen Scheidewände entfernen. Schotenhälften waschen, trocken tupfen und in Streifen schneiden. Die Frühlingszwiebeln putzen, waschen und abtropfen lassen. Das Grün der Frühlingszwiebeln abschneiden (wird zäh). Dann Blumenkohl, Brokkoli bzw. Romanesco putzen, Blätter und schlechte Stellen entfernen. Blumenkohl, Brokkoli bzw. Romanesco in Röschen teilen, waschen und abtropfen lassen.

3 Das vorbereitete Gemüse in eine große Schüssel geben und mit dem Salz bestreuen. Einen Teller zum Beschweren darauflegen. Gemüse 10–12 Stunden durchziehen lassen.

4 Gemüse unter fließendem kaltem Wasser abspülen, auf einem Sieb gut abtropfen lassen und mit Küchenpapier trocken tupfen. Minze abspülen, trocken tupfen. Ingwer schälen und in dünne Scheiben schneiden.

5 Das Gemüse mit Minze und Ingwerscheiben in ein vorbereitetes, großes Glas füllen, mit dem Reisessig übergießen (Glas vorsichtig aufstoßen, um Luftblasen zu verhindern). Das Glas mit einem Twist-off-Deckel® fest verschließen (Deckel sollte säurebeständig sein). Mixed Pickles etwa 6 Wochen kalt, dunkel und trocken gestellt bis zum Verzehr durchziehen lassen.

Paprika-Tomaten, süß-sauer

Zubereitungszeit: 40 Minuten | Haltbarkeit: gekühlt etwa 6 Monate

Insgesamt: E: 80 g, F: 106 g, Kh: 350 g, kJ: 16743, kcal: 3997 | Einfach | etwa 5 Gläser je 500 ml (½ l)

Zutaten

1 kg rote, gelbe und grüne Paprikaschoten

Salz

750 g vollreife Tomaten

1 frische Chilischote

4 Knoblauchzehen

einige Zweige Majoran oder Oregano

100 g Zucker oder flüssiger Blütenhonig

4 EL Meersalz

500 ml (½ l) Weißweinessig

500 ml (½ l) Wasser

Zubereitung

1 Paprikaschoten halbieren, entstielen, entkernen und die weißen Scheidewände entfernen. Schotenhälften waschen, trocken tupfen und je in 2–3 Streifen schneiden.

2 Dann die Paprikastreifen in kochendem Salzwasser etwa 5 Minuten blanchieren, mit eiskaltem Wasser abschrecken und auf einem Sieb abtropfen lassen. Die Haut der Paprikastreifen abziehen.

3 Tomaten waschen, trocken tupfen und die Stängelansätze herausschneiden. Die Tomaten rundherum mit einem Holzstäbchen einstechen und abwechselnd mit den Paprikastreifen in vorbereitete Gläser einschichten.

4 Chilischote abspülen, trocken tupfen, in kleine Stücke schneiden und in den Gläsern verteilen.

5 Den Knoblauch abziehen. Majoran bzw. Oregano abspülen und trocken tupfen. Zucker oder Honig mit Salz, Essig, Wasser und Knoblauch in einem Topf aufkochen. Die Tomaten und Paprikastreifen mit dem Sud übergießen. Die Majoran- bzw. Oreganozweige darauf verteilen.

6 Die Gläser mit Twist-off-Deckeln® verschließen und auf einen Auflagenrost in den Einkochtopf stellen. Den Topf verschließen.

7 So viel kaltes Wasser hinzugießen, dass die Gläser zu ¾ im Wasser stehen. Die Paprika-Tomaten etwa 30 Minuten bei circa 75 °C einkochen.

Saure Gurken mit Zucchini

Zubereitungszeit: 40 Minuten, ohne Einlegzeit I Haltbarkeit: kühl und dunkel gestellt etwa 6 Monate

Insgesamt: E: 18 g, F: 3 g, Kh: 286 g, kJ: 5653, kcal: 1351 I Gut vorzubereiten I 1 Drahtbügelglas etwa 2 l

800 g Gurkenscheiben (vorbereitet gewogen)

Salzwasser (75 g Salz auf 1 l Wasser)

300 g Zucchini

4 rote Zwiebeln

4 rote oder weiße Schalotten

1 Bund Dill

2 Knoblauchzehen

4 EL Senfkörner

Für den Sud:

450 ml Kräuteressig

200 ml Wasser

200 g Zucker

4 Lorbeerblätter

10 Pimentkörner

40 g Rosinen

1 Pck. Einmach-Hilfe

1 Von den Gurken die Enden abschneiden. Gurken schälen, längs halbieren, Kerngehäuse mit einem Teelöffel herauskratzen. Die Gurkenhälften in etwa 1 ½ cm dicke Scheiben schneiden und in eine Schüssel geben. Gurkenscheiben mit Salzwasser übergießen, sodass die Gurkenscheiben ganz bedeckt sind. Mindestens 12 Stunden stehen lassen.

2 Die Zucchini waschen, abtrocknen und die Enden abschneiden. Zucchini eventuell halbieren und in Scheiben schneiden. Die Gurkenscheiben auf einem Sieb abtropfen lassen.

3 Zwiebeln und Schalotten abziehen. Rote Zwiebeln zuerst in Scheiben schneiden, dann in Ringe teilen. Dill abspülen und trocken tupfen. Knoblauch abziehen und halbieren.

4 Die abgetropften Gurkenscheiben mit Zucchini-, Zwiebelscheiben, Schalotten, Dill und Knoblauchhälften abwechselnd mit den Senfkörnern in ein vorbereitetes Drahtbügelglas schichten.

5 Für den Sud Essig mit Wasser, Zucker, Lorbeerblättern, Pimentkörnern und Rosinen in einem Topf zum Kochen bringen. Den Topf von der Kochstelle nehmen, Einmach-Hilfe unterrühren. Den Sud über die eingeschichteten Gurken- und Zucchinischeiben gießen. Deckel und Gummiring nass auf den gesäuberten Glasrand legen. Glas verschließen.

Würziges Kompott aus Birnen und Möhren

Zubereitungszeit: 25 Minuten, ohne Durchziehzeit I Haltbarkeit: kühl und dunkel gestellt 3–4 Monate
Insgesamt: E: 6 g, F: 3 g, Kh: 893 g, kJ: 15188, kcal: 3628 I Raffiniert I 3–4 Gläser je 500 ml (½ l) oder 2–3 Gläser je 750 ml (¾ l)

Zutaten

1 kg reife Birnen

800 g Zucker

500 ml (½ l) Wasser

4–6 Lorbeerblätter

2 Zimtstangen

200 g Möhren

1 TL rote Pfefferbeeren

Zubereitung

1 Birnen waschen, schälen, vierteln und entkernen. Dabei darauf achten, dass jeweils der Stiel an den Birnen bleibt.

2 Zucker und Wasser zu einem Sirup einkochen. Dafür Zucker und Wasser in einem Topf langsam erhitzen, dabei ab und zu umrühren. Bevor der Sirup aufkocht, muss sich der Zucker aufgelöst haben, da der Sirup sonst trüb wird. Sobald sich der Zucker aufgelöst hat, nicht mehr rühren und die Zuckerlösung zum Kochen bringen. (Der Sirup ist fertig, wenn er kleine Blasen wirft und an der Oberfläche ein „Netz" bildet.) Den Topf von der Kochstelle nehmen.

3 Vorbereitete Birnenviertel, Lorbeerblätter und Zimtstangen hinzugeben und in dem Sirup etwa 12 Stunden ziehen lassen. Birnenviertel dafür kalt stellen und ab und zu wenden.

4 Die Birnenviertel mit den Gewürzen und dem Sirup in dem Topf nochmals unter vorsichtigem Rühren aufkochen lassen. Den Topf von der Kochstelle nehmen. Die Birnenmasse erneut etwa 24 Stunden kalt gestellt ziehen lassen.

5 Am nächsten Tag Möhren putzen, schälen, abspülen, trocken tupfen und in etwa 1 cm dicke Scheiben schneiden. Möhrenscheiben und Pfefferbeeren zu der Birnenmasse geben. Nochmals unter Schwenken 10–15 Minuten bei schwacher bis mittlerer Hitze köcheln lassen. Nach Belieben Lorbeerblätter und Zimtstangen entfernen.

6 Birnenviertel, Möhrenscheiben und Pfefferbeeren mit einem Schaumlöffel aus dem Sud herausnehmen und in vorbereitete Gläser geben. Den heißen Sud hinzugießen, sodass alles reichlich mit dem Sud bedeckt ist.

7 Gläser mit Twist-off-Deckeln® verschließen, umdrehen und etwa 5 Minuten auf den Deckeln stehen lassen.

Exotische Frucht-Pickles

Zubereitungszeit: 1 Stunde I Haltbarkeit: kühl, dunkel und trocken gestellt etwa 5 Monate
Insgesamt: E: 4 g, F: 2 g, Kh: 142 g, kJ: 4318, kcal: 1033 I Mit Alkohol I etwa 3 Gläser je 150 ml

Zutaten

500 g Ananas-Fruchtfleisch (von 1 großen Ananas)

½ Bio-Zitrone (unbehandelt)

½ Bio-Limette (unbehandelt)

je ½ Kantalup- oder Netz- und Honigmelone (600 g)

Für die Weißweinlösung:

500 ml (½ l) Weißwein

50 g Zucker

1 Zimtstange

¼ TL gemahlener Ingwer

Zubereitung

1 Ananasfruchtfleisch in dünne, kleine Stückchen schneiden. Zitrone und Limette heiß abwaschen, abtrocknen, halbieren und in dünne Scheiben schneiden.

2 Melonenhälften entkernen. Aus dem Fruchtfleisch mit einem Kugelausstecher kleine Kugeln ausstechen oder das Fruchtfleisch in kleine Würfel schneiden. Die Früchte in Einkochgläsern verteilen.

3 Für die Weißweinlösung Wein mit Zucker, Zimtstange und Ingwer in einem Topf zum Kochen bringen und etwa 5 Minuten kochen lassen. Den heißen Sud über die Früchte gießen.

4 Jeweils Gummiring und Deckel nass auf den gesäuberten Glasrand legen, mit Bügel oder Feder verschließen. Gläser auf einem Einsatz in den Einkochtopf stellen und so viel kaltes Wasser hinzugießen, dass die Gläser zu ¾ von Wasser umgeben sind.

5 Den Topf verschließen. Die Frucht-Pickles etwa 30 Minuten bei circa 75 °C einkochen. Die Gläser herausnehmen, erkalten lassen und kühl aufbewahren.

6 Frucht-Pickles bis zum Verzehr etwa 1 Woche gekühlt durchziehen lassen.

Rhabarber-Orangen-Chutney

Zubereitungszeit: 20 Minuten | Durchziehzeit: 3–4 Wochen | Haltbarkeit: kühl, dunkel und trocken gestellt 6–9 Monate

Insgesamt: E: 11 g, F: 3 g, Kh: 319 g, kJ: 5953, kcal: 1423 | Fruchtig | 3–4 Gläser je 200 ml

Zutaten

250 g Rhabarber

120 g Zwiebeln oder Schalotten

1 Bio-Orange (unbehandelt)

100 g getrocknete Feigen

25 g Rosinen oder Sultaninen

220 g Zucker

220 ml Sherryessig

1 gestr. EL Senfkörner

8 Pimentkörner

1 gestr. EL schwarze Pfefferkörner

Zubereitung

1 Rhabarber waschen, gut abtropfen lassen, Stielenden und Blattansätze entfernen. Rhabarberstangen abziehen und in feine Scheiben schneiden. Zwiebeln oder Schalotten abziehen und danach in kleine Würfel schneiden.

2 Die Orange heiß abwaschen, abtrocknen und die Schale abreiben. Orange halbieren und den Saft auspressen. Feigen in kleine Würfel schneiden.

3 Vorbereitete Zutaten mit Rosinen bzw. Sultaninen, Zucker und Essig in einen Topf geben. Senf-, Pimentkörner und grob zerdrückte Pfefferkörner in einem Gewürzsäckchen mit in den Topf geben.

4 Die Zutaten bei schwacher Hitze langsam erwärmen, bis der Zucker aufgelöst ist. Anschließend zum Kochen bringen und etwa 1 Stunde bei schwacher Hitze unter gelegentlichem Rühren leicht köcheln lassen, bis das Chutney eine marmeladenartige Konsistenz hat. Den Topf von der Kochstelle nehmen.

5 Gewürzsäckchen herausnehmen und die Flüssigkeit aus dem Säckchen in das Chutney drücken. Chutney in vorbereitete Gläser füllen, diese mit Twist-off-Deckeln® verschließen, umdrehen und etwa 5 Minuten auf den Deckeln stehen lassen.

6 Chutney gekühlt, dunkel und trocken gestellt bis zum Verzehr 3–4 Wochen durchziehen lassen.

Pflaumen-Chutney (im Foto links)

Zubereitungszeit: 40 Minuten I Haltbarkeit: kühl, dunkel und trocken gestellt etwa 6 Monate
Insgesamt: E: 16 g, F: 34 g, Kh: 412 g, kJ: 9118, kcal: 2163 I Mit Alkohol I etwa 6 Gläser je 200 ml

Zutaten

900 g Pflaumen (vorbereitet gewogen)

50 g Walnusskerne

100 g Korinthen

175 ml Balsamico-Essig

150 ml Rotwein

½ Pck. (250 g) Extra Gelier Zucker 2:1

evtl. gemahlener Zimt

Zubereitung

1 Pflaumen waschen, abtropfen lassen, entstielen, halbieren, entsteinen, vierteln und 900 g abwiegen. Walnusskerne hacken.

2 Die vorbereiteten Zutaten mit Korinthen, Balsamico-Essig, Rotwein und Gelierzucker in einen Kochtopf geben, unter Rühren zum Kochen bringen und etwa 5 Minuten kochen lassen, dabei ab und zu umrühren.

3 Das Chutney nach Belieben mit Zimt abschmecken, sofort randvoll in vorbereitete Gläser füllen, diese mit Twist-off-Deckeln® verschließen, umdrehen und etwa 5 Minuten auf den Deckeln stehen lassen.

California Relish (im Foto rechts)

Zubereitungszeit: 50 Minuten I Haltbarkeit: kühl, dunkel und trocken gestellt etwa 6 Monate
Insgesamt: E: 11 g, F: 3 g, Kh: 276 g, kJ: 5107, kcal: 1205 I Gut vorzubereiten I 4 Gläser je 200 ml

Zutaten

300 g Auberginen (vorbereitet gewogen)

300 g rote Paprikaschoten (vorbereitet gewogen)

1 kleine Stange Porree (Lauch)

125 ml (⅛ l) Weißweinessig

½ TL Senfkörner

Salz

frisch gemahlener Pfeffer

Paprikapulver edelsüß

½ Pck. (250 g) Extra Gelier Zucker 2:1

Zubereitung

1 Auberginen waschen, abtrocknen und die Stängelansätze entfernen. Auberginen in sehr kleine Würfel schneiden. Paprikaschoten halbieren, entstielen, entkernen und die weißen Scheidewände entfernen. Schoten waschen, abtropfen lassen und ebenfalls in sehr kleine Würfel schneiden. Porree putzen, die Stange längs halbieren, gründlich waschen, abtropfen lassen und sehr klein würfeln.

2 Vorbereitete Gemüsewürfel in einen Topf geben. Essig, Senfkörner, Salz, Pfeffer, Paprika und Gelierzucker hinzufügen. Die Zutaten unter Rühren zum Kochen bringen und etwa 10 Minuten unter gelegentlichem Rühren kochen lassen.

3 Die Gemüsemasse in dem Topf so lange pürieren oder zerstampfen, bis die Hälfte der Masse musig ist. Nochmals gut durchrühren und aufkochen lassen.

4 Relish sofort randvoll in vorbereitete Gläser füllen, diese sofort mit Twist-off-Deckeln® verschließen, umdrehen und etwa 5 Minuten auf den Deckeln stehen lassen.

Melonen-Paprika-Chutney (im Foto hinten)

Zubereitungszeit: 1 Stunde I Haltbarkeit: kühl, dunkel und trocken gestellt etwa 6 Monate
Insgesamt: E: 10 g, F: 4 g, Kh: 429 g, kJ: 8103, kcal: 1923 I Raffiniert I 6 Gläser je 200 ml

Zutaten

500 g Honigmelonen-Fruchtfleisch (vorbereitet gewogen)

300 g rote Paprikaschoten (vorbereitet gewogen)

150 g Orangenfilets (vorbereitet gewogen)

100 g Rosinen

200 ml Obstessig

300 ml Orangensaft

½ Pck. (250 g) Super Gelier Zucker 3:1

1 TL Senfkörner

Salz, frisch gemahlener Pfeffer

Paprikapulver rosenscharf

Zubereitung

1 Die Melone halbieren und die Kerne mit einem Löffel herauslösen. Melonenhälften zuerst in kleine Spalten schneiden, dann die Schale entfernen. Das Fruchtfleisch in kleine Würfel schneiden und 500 g abwiegen.

2 Paprikaschoten halbieren, entstielen, entkernen und die weißen Scheidewände entfernen. Die Schoten waschen, abtropfen lassen, sehr fein würfeln und 300 g abwiegen. Orangen so schälen, dass die weiße Haut mit entfernt wird. Filets herausschneiden und 150 g abwiegen.

3 Die vorbereiteten Zutaten mit Rosinen, Obstessig, Orangensaft, Gelierzucker und Senfkörnern in einen Topf geben. Alles unter Rühren zum Kochen bringen und etwa 5 Minuten kochen lassen, dabei ab und zu umrühren.

4 Das Chutney mit Salz, Pfeffer und Paprika abschmecken, sofort randvoll in vorbereitete Gläser füllen, diese mit Twist-off-Deckeln® verschließen, umdrehen und etwa 5 Minuten auf den Deckeln stehen lassen.

Paprika-Ananas-Frühlingszwiebel-Relish (im Foto vorn)

Zubereitungszeit: 1 Stunde I Haltbarkeit: kühl, dunkel und trocken gestellt 3–4 Monate
Insgesamt: E: 10 g, F: 4 g, Kh: 323 g, kJ: 5981, kcal: 1413 I Raffiniert I 4 Gläser je etwa 200 ml

Zutaten

je 150 g grüne und gelbe Paprikaschoten (vorbereitet gewogen)

250 g Ananas-Fruchtfleisch (vorbereitet gewogen)

1 Bund Frühlingszwiebeln (etwa 140 g)

1 Bund Sauerampfer

175 ml Obstessig

150 ml Ananassaft

½ Pck. (250 g) Extra Gelier Zucker 2:1

1 TL Senfkörner

Salz, frisch gemahlener Pfeffer

Currypulver

Zubereitung

1 Paprikaschote halbieren, entstielen, entkernen und die weißen Scheidewände entfernen. Schoten waschen, abtropfen lassen, sehr fein würfeln und je 150 g abwiegen. Von der Ananas das Blatt- und Strunkende abschneiden. Die schuppige Schale möglichst dick abschneiden, damit die „Augen“ mit entfernt werden. Die Frucht vierteln und den mittleren holzigen Teil längs herausschneiden. Das Fruchtfleisch klein schneiden und 250 g abwiegen.

2 Frühlingszwiebeln putzen, waschen, abtropfen lassen, längs halbieren und in schmale Streifen schneiden. Sauerampfer waschen, abtropfen lassen und ebenfalls in feine Streifen schneiden.

3 Die vorbereiteten Zutaten mit Obstessig, Ananassaft, Gelierzucker und Senfkörnern in einen Kochtopf geben. Die Zutaten unter Rühren zum Kochen bringen und 5 Minuten kochen lassen, dabei ab und zu umrühren.

4 Das Relish mit Salz, Pfeffer und Curry abschmecken, sofort randvoll in vorbereitete Gläser füllen, diese mit Twist-off-Deckeln® verschließen, umdrehen und etwa 5 Minuten auf den Deckeln stehen lassen.

Schafskäse und Chili in Olivenöl (im Foto links)

Zubereitungszeit: 15 Minuten, ohne Durchziehzeit | Haltbarkeit: kühl und dunkel gestellt etwa 2 Wochen
Insgesamt: E: 35 g, F: 237 g, Kh: 4 g, kJ: 9442, kcal: 2254 | Einfach | 2 Gläser je etwa 250 ml

Zutaten

etwa 200 g Schafskäse

1–2 kleine getrocknete Chilischoten

1–2 Zweige frischer Thymian

1 kleiner Zweig frischer Rosmarin

1–2 kleine Knoblauchzehen

6 schwarze Pfefferkörner

etwa 200 ml kalt gepresstes Olivenöl

Zubereitung

1 Schafskäse in Würfel schneiden und in vorbereitete Gläser geben. Chilischoten halbieren, entkernen und in kleine Würfel schneiden. Thymian- und Rosmarinzweig abspülen und trocken tupfen. Knoblauch abziehen und mit den Pfefferkörnern etwas zerdrücken.

2 Chili, Thymian, Rosmarin, Knoblauch und Pfeffer in den Gläsern mit den Käsewürfeln verteilen, mit so viel Olivenöl übergießen, dass die Käsewürfel gut bedeckt sind. Die Gläser mit Twist-off-Deckeln® verschließen, kalt und dunkel gestellt mindestens 1 Woche bis zum Verzehr durchziehen lassen. Nach dem Öffnen innerhalb von 2 Wochen verbrauchen.

Tipp

Schafkäse passt gut zu knusprigem Brot oder zu knackigen Blattsalaten. In Scheiben geschnitten ist der Schafkäse ein vorzüglicher Pizzabelag.

Ziegenkäse und Kräuter in Olivenöl (im Foto rechts)

Zubereitungszeit: 20 Minuten, ohne Durchziehzeit | Durchziehzeit: mindestens 1–2 Wochen | Haltbarkeit: kühl und dunkel gestellt etwa 2 Monate
Insgesamt: E: 118 g, F: 480 g, Kh: 3 g, kJ: 19563, kcal: 4689 | Raffiniert | 3 Gläser je 200 ml

Zutaten

3 frische Zweige Thymian

1 frischer Zweig Rosmarin

3 kleine Knoblauchzehen

6 Stück Ziegenkäse, z. B. Crottin de Chavignol (je 60–75 g)

3 kleine Lorbeerblätter

6 schwarze Pfefferkörner

etwa 350 ml kalt gepresstes Olivenöl

Zubereitung

1 Thymian und Rosmarin abspülen und trocken tupfen. Knoblauch abziehen.

2 Ziegenkäse, Lorbeerblätter, Kräuterzweige, Knoblauch und Pfefferkörner in vorbereitete Gläser geben und mit so viel Olivenöl übergießen, dass der Ziegenkäse jeweils gut bedeckt ist.

3 Gläser mit Twist-off-Deckeln® verschließen, Ziegenkäse kalt und dunkel gestellt mindestens 1–2 Wochen bis zum Verzehr durchziehen lassen.

4 Nach dem Öffnen innerhalb von etwa 6 Wochen verbrauchen.

Tomaten in Essig

Zubereitungszeit: 30 Minuten I Haltbarkeit: kühl und dunkel gestellt etwa 3 Wochen
Insgesamt: E: 32 g, F: 8 g, Kh: 120 g, kJ: 4008, kcal: 968 I Gut vorzubereiten I 4–5 Gläser je 500 ml (½ l)

2 kg kleine, reife, feste Tomaten

Für die Essiglösung:

4 Schalotten oder kleine Zwiebeln

1 l Weißweinessig

250 ml (¼ l) Wasser

20 g Salz

20 g Zucker

2 Gewürznelken

20 g Pfefferkörner

20 g Senfkörner

1 Pck. Einmach-Hilfe

1 Tomaten gründlich waschen und abtrocknen. Die Tomaten anschließend jeweils 15- bis 20-mal mit einem Holzstäbchen einstechen und danach in vorbereitete Gläser füllen.

2 Für die Essiglösung Schalotten oder Zwiebeln abziehen, zuerst in Scheiben schneiden, dann in Ringe teilen.

3 Essig, Wasser, Salz, Zucker, Gewürznelken, Pfefferkörner, Senfkörner und Schalotten- bzw. Zwiebelringe in einem Topf zum Kochen bringen. Den Topf von der Kochstelle nehmen. Einmach-Hilfe unterrühren.

4 Die Essiglösung über die Tomaten gießen. Die Gläser mit Twist-off-Deckeln® verschließen.

Tomaten-Pesto

Zubereitungszeit: 20 Minuten I Haltbarkeit: gekühlt etwa 3 Wochen
Insgesamt: E: 26 g, F: 133 g, Kh: 40 g, kJ: 6136, kcal: 1466 I Klassisch I 1 Glas etwa 150 ml

Zutaten

150 g getrocknete Tomaten in Öl

3 Knoblauchzehen

1 Bund Basilikum

20 g frischer Parmesan-Käse

30 g abgezogene, gehobelte Mandeln

100 ml kalt gepresstes Olivenöl

Salz

frisch gemahlener Pfeffer

Zubereitung

1 Tomaten auf einem Sieb abtropfen lassen. Knoblauch abziehen und durch eine Knoblauchpresse drücken. Basilikum abspülen und trocken tupfen. Die Blättchen von den Stängeln zupfen. Parmesan-Käse fein reiben.

2 Tomaten, Mandeln und Basilikumblättchen sehr fein hacken oder pürieren und in eine Schüssel geben. Knoblauch, Parmesan-Käse und Olivenöl untermengen. Mit Salz und Pfeffer würzen.

Knoblauch-Chili-Öl & -Essig (im Foto rechts)

Zubereitungszeit: 20 Minuten, ohne Durchziehzeit I Haltbarkeit: 6–9 Monate
Insgesamt: Chiliöl: E: 6 g, F: 997 g, Kh: 19 g, kJ: 37322, kcal: 8913,
Essig: E: 10 g, F: 1 g, Kh: 23 g, kJ: 1222, kcal: 293 I Klassisch I etwa 1 Liter

Zutaten

12 Knoblauchzehen

12 frische rote Chilischoten

20 Melisse- oder Minzeblätter

1 l Olivenöl

1 l Weißweinessig

Zubereitung

1 Knoblauch abziehen. Chilischoten waschen und trocken tupfen. Melisse- bzw. Minzeblättchen abspülen und vorsichtig trocken tupfen. Knoblauch, Chilischoten und Kräuterblättchen in vorbereitete Flaschen geben.

2 Die Flaschen jeweils mit Olivenöl bzw. Essig auffüllen und sofort verschließen. Knoblauch-Chili-Öl & -Essig 3–4 Wochen durchziehen lassen.

Himbeeressig (im Foto links)

Zubereitungszeit: 15 Minuten, ohne Durchziehzeit I Haltbarkeit: etwa 6 Monate
Insgesamt: E: 6 g, F: 1 g, Kh: 17 g, kJ: 821, kcal: 196 I Raffiniert

Zutaten

300 g frische oder TK-Himbeeren

knapp 500 ml (½ l) Weißweinessig (5 %)

Zubereitung

1 Frische Himbeeren verlesen. TK-Himbeeren nach Packungsanleitung auftauen lassen.

2 Himbeeren in eine Flasche mit weitem Hals geben und mit Essig auffüllen. Die Flasche verschließen und etwa 14 Tage an einem sonnigen Platz (Fenster) oder einem warmen Ort (Küche) stehen lassen. Dabei die Flasche zwischendurch schütteln.

3 Den Essig abgießen, einmal aufkochen und abkühlen lassen, dann wieder über die Himbeeren gießen und die Flasche verschließen.

Tipp

Himbeeressig eignet sich zum Würzen feiner Salate und Saucen sowie von Wild, Geflügel und Leber.

Scharfe Senfsauce (im Foto rechts)

Zubereitungszeit: 15 Minuten, ohne Durchziehzeit I Haltbarkeit: kühl und dunkel gestellt etwa 1 Jahr
Insgesamt: E: 23 g, F: 11 g, Kh: 31 g, kJ: 1674, kcal: 400 I Mit Alkohol I etwa 450 ml

Zutaten

1 kleine frische rote Chilischote

6 EL hausgemachter Senf (Grundrezept)

12 EL helle Sojasauce (Superior)

12 EL Sake (japanischer Reiswein)

Zubereitung

1 Chilischote abspülen, trocken tupfen, halbieren und entkernen. Chilihälften in sehr kleine Würfel schneiden.

2 Senf in eine Schüssel geben. Mit Chiliwürfeln, Sojasauce und Sake gut verrühren.

3 Die Senfsauce in vorbereitete Flaschen füllen und fest verschließen. Die Sauce einige Stunden durchziehen lassen und vor Gebrauch gut schütteln.

Tipp

Statt hausgemachtem Senf können Sie auch einen milden Senf (Industrieware) verwenden.

Süße Senfsauce (im Foto links)

Zubereitungszeit: 15 Minuten, ohne Durchziehzeit I Haltbarkeit: kühl und dunkel gestellt etwa 1 Jahr
Insgesamt: E: 20 g, F: 141 g, Kh: 36 g, kJ: 6637, kcal: 1586 I Schnell I etwa 500 ml

Zutaten

12 EL hausgemachter Senf (Grundrezept)

6 EL Reisweinessig

12 EL kalt gepresstes, mildes Olivenöl

6 EL Mirin (japanischer gesüßter Sake [Reiswein])

Zubereitung

1 Senf in einen Rührbecher geben und mit Handrührgerät mit Rührbesen Essig unterrühren. Olivenöl unter ständigem Schlagen in einem dünnen Strahl einlaufen lassen. Zuletzt Mirin unterrühren.

2 Die Senfsauce in eine vorbereitete Flasche füllen und fest verschließen. Senfsauce einige Stunden durchziehen lassen. Vor Gebrauch kräftig schütteln.

Hausgemachter Senf (Grundrezept, 4 Gläser je 200 ml)

Zubereitungszeit: 25 Minuten, ohne Durchziehzeit I Haltbarkeit: kühl und dunkel gestellt 2–3 Monate
Insgesamt: E: 131 g, F: 145 g, Kh: 206 g, kJ: 11720, kcal: 2802 I Schnell I etwa 500 ml

Zur Vorbereitung je 250 g weißes und schwarzes Senfmehl mit 750 ml (¾ l) Weißweinessig und Saft von 2 Zitronen in einer Porzellan- oder Glasschüssel mischen, quellen lassen und je nach gewünschter Schärfe bis zu 7 Stunden handwarm temperieren (nicht zu milde machen, da die Schärfe des Senföls konservierend wirkt).
1 EL Kräutersalz, 1 ½ EL fein gehackte Estragonblätter, 1 TL frisch gemahlenen Pfeffer, je ½ TL gemahlenen Zimt und Nelken, 1 Prise Muskatnuss, 3 EL flüssigen Honig, 1–2 zerstoßene Knoblauchzehen, 5 Schalotten oder 3 Zwiebeln, gewürfelt, und ½ EL frisch geriebenen Meerrettich oder ½ EL gehackte Brennnesselspitzen unter die Senfmehlmasse rühren. Senf in vorbereitete Gläser füllen, diese mit Twist-off-Deckeln® verschließen und mindestens 2 Wochen bis zum Verzehr kalt stellen.

VORSICHT
SCHARF

Rucola-Nuss-Aufstrich (Foto)

Zubereitungszeit: 10 Minuten I Haltbarkeit: im Kühlschrank 2–3 Tage
Insgesamt: E: 31 g, F: 106 g, Kh: 12 g, kJ: 4659, kcal: 1113 I Raffiniert I etwa 375 g

Zutaten

125 g Rucola (Rauke)

2 EL Olivenöl

200 g Doppelrahm-Frischkäse

Salz

frisch gemahlener Pfeffer

1 Prise Zucker

1 EL geröstete, gehackte Walnusskerne

1 EL frisch geriebener Parmesan-Käse

1–2 EL schwarze Oliven

Zubereitung

1 Rucola verlesen und dicke Stängel abschneiden. Dann abspülen, gut abtropfen lassen oder trocken schleudern und etwas kleiner zupfen.

2 Rucola mit Olivenöl in einem Mixer oder Universalzerkleinerer zu einer Paste verarbeiten. Die Paste mit Frischkäse verrühren und mit Salz, Pfeffer und Zucker abschmecken. Walnusskerne und Parmesan unterrühren.

3 Oliven entsteinen, grob hacken und ebenfalls unterrühren. Den Aufstrich in ein verschließbares Gefäß füllen und kalt stellen.

Brotempfehlung: Mehrkorn- oder Roggenmischbrot, Stangenweißbrot oder Bagels.

Grünkern-Kräuter-Paste

Zubereitungszeit: 20 Minuten, ohne Abkühlzeit I Haltbarkeit: im Kühlschrank 4–5 Tage
Insgesamt: E: 36 g, F: 79 g, Kh: 73 g, kJ: 4885, kcal: 11665 I Gut vorzubereiten I etwa 550 g

Zutaten

50 g getrocknete Tomaten, in Öl eingelegt

1 Zwiebel

1 Knoblauchzehe

75 g Grünkernschrot

100 ml Gemüsebrühe

200 ml Tomatensaft

Salz, frisch gemahlener Pfeffer

200 g Doppelrahm-Frischkäse

1 Bund frische gemischte Kräuter (z. B. Basilikum, glatte Petersilie, Thymian)

Zubereitung

1 Tomaten auf einem Sieb abtropfen lassen, dabei 1 Esslöffel Öl auffangen. Tomaten fein würfeln.

2 Zwiebel und Knoblauch abziehen und fein würfeln. Aufgefangenes Öl in einem Topf erhitzen. Zwiebel-, Knoblauch- und Tomatenwürfel darin anbraten.

3 Grünkernschrot hinzufügen und unter Rühren kurz mit andünsten. Brühe und Tomatensaft unterrühren, das Ganze zum Kochen bringen und dann bei schwacher Hitze etwa 10 Minuten köcheln lassen, dabei gelegentlich umrühren. Die Grünkernmischung mit Salz und Pfeffer würzen, erkalten lassen.

4 Frischkäse unter die Grünkernmischung rühren, nochmals mit Pfeffer und eventuell etwas Salz abschmecken. Kräuter abspülen, trocken tupfen, die Blättchen von den Stängeln zupfen und fein hacken. Kräuter unter die Paste rühren.

5 Dann die Paste in ein verschließbares Gefäß füllen und kalt stellen.

Brotempfehlung: Kerniges Vollkornbrot, Nussbrot oder Zwiebelbrot.

Tomaten-Zwiebel-Schmalz

Zubereitungszeit: 25 Minuten, ohne Abkühlzeit I Haltbarkeit: im Kühlschrank 5–7 Tage
Insgesamt: E: 14 g, F: 51 g, Kh: 33 g, kJ: 2768, kcal: 664 I Preisgünstig I etwa 400 g

Zutaten

500 g Zwiebeln

30 g getrocknete Tomaten, in Öl eingelegt

2 EL Sesamsamen oder Sonnenblumenkerne

1–2 EL Olivenöl

½ TL gerebelter Majoran

Salz

frisch gemahlener Pfeffer

Zubereitung

1 Zwiebeln abziehen, halbieren und fein würfeln. Tomaten abtropfen lassen und ebenfalls sehr fein würfeln.

2 Sesamsamen oder Sonnenblumenkerne in einer Pfanne ohne Fett goldbraun rösten, dann auf einen Teller geben.

3 Öl in einer großen Pfanne erhitzen. Zwiebeln und Tomaten darin anbraten. Majoran und etwa 8 Esslöffel Wasser hinzufügen. Alles bei schwacher bis mittlerer Hitze in 10–15 Minuten sehr weich garen.

4 Das Schmalz mit Salz und Pfeffer abschmecken, etwas abkühlen lassen. Sesamsamen oder Sonnenblumenkerne unterrühren. Dann das Schmalz in ein verschließbares Gefäß füllen, erkalten lassen und kalt stellen.

Brotempfehlung: Dinkelvollkornbrot oder Pumpernickel.

Schnelle Hühnerlebercreme

Zubereitungszeit: 25 Minuten, ohne Abkühlzeit | Haltbarkeit: im Kühlschrank 2–3 Tage

Insgesamt: E: 49 g, F: 116 g, Kh: 2 g, kJ: 5619, kcal: 1341 | Mit Alkohol | etwa 350 g

Zutaten

250 g Hühnerleber

1 Zwiebel

25 g Butter

1 Lorbeerblatt

2 zerdrückte Wacholderbeeren

Salz

frisch gemahlener Pfeffer

gerebelter Thymian

100 g weiche Butter

1 TL Dr. Oetker Finesse Geriebene Zitronenschale

1 EL Sherry oder Weinbrand

Zubereitung

1 Hühnerleber unter fließendem kaltem Wasser abspülen, trocken tupfen, eventuell Hautreste entfernen. Die Zwiebel abziehen und würfeln.

2 Butter in einer Pfanne zerlassen und die Zwiebelwürfel darin andünsten. Leber, Lorbeerblatt und Wacholderbeeren hinzufügen. Die Leber von allen Seiten 3–5 Minuten anbraten, mit Salz, Pfeffer und Thymian würzen und etwas abkühlen lassen.

3 Lorbeerblatt entfernen. Die Leber in kleine Stücke schneiden und mit der Butter pürieren. Die Zitronenschale unterrühren und die Masse mit Salz und Pfeffer abschmecken. Sherry oder Weinbrand unterrühren.

4 Die Hühnerlebercreme in ein verschließbares Gefäß füllen und kalt stellen.

Brotempfehlung: Fladen- oder Stangenweißbrot.

Makrelenfiletaufstrich

Zubereitungszeit: 20 Minuten | Haltbarkeit: im Kühlschrank etwa 5 Tage

Insgesamt: E: 87 g, F: 120 g, Kh: 8 g, kJ: 6094, kcal: 1456 | Beliebt | etwa 600 g

Zutaten

- 450 g geräuchertes Makrelenfilet
- 2 Frühlingszwiebeln
- 80 g Mayonnaise
- Saft von 1 Zitrone
- frisch gemahlener Pfeffer
- 2–3 Tropfen Tabasco

Zubereitung

1 Makrelenfilet enthäuten und eventuell vorhandene Gräten entfernen. Filet in Stücke schneiden und mit einer Gabel etwas zerdrücken.

2 Frühlingszwiebeln putzen, abspülen, gut abtropfen lassen und in dünne Ringe schneiden.

3 Mayonnaise mit Zitronensaft verrühren und mit den Frühlingszwiebelringen unter das zerdrückte Makrelenfilet rühren. Makrelenfiletaufstrich mit Pfeffer und Tabasco abschmecken.

4 Den Aufstrich in ein verschließbares Gefäß füllen und kalt stellen.

Brotempfehlung: Vollkornbaguette.

Aufstrich vom Räucherlachs

Zubereitungszeit: 30 Minuten | Haltbarkeit: im Kühlschrank etwa 3 Tage

Insgesamt: E: 63 g, F: 77 g, Kh: 27 g, kJ: 4414, kcal: 1053 | Raffiniert | etwa 450 g

Zutaten

200 g Räucherlachs

2 Frühlingszwiebeln

1 Bund Dill

200 g Doppelrahm-Frischkäse

1 EL flüssiger Honig, z. B. Sommerblütenhonig

1 EL mittelscharfer Senf

frisch gemahlener Pfeffer

Zubereitung

1 Räucherlachs in kleine Würfel schneiden. Frühlingszwiebeln putzen, abspülen, abtropfen lassen und in feine Ringe schneiden.

2 Dill abspülen, trocken tupfen und die Spitzen von den Stängeln zupfen. Spitzen fein schneiden oder hacken.

3 Frischkäse mit Honig und Senf verrühren. Dill unterrühren. Räucherlachswürfel und Frühlingszwiebelringe mit der Frischkäsemasse verrühren und mit Pfeffer abschmecken.

4 Den Aufstrich in ein verschließbares Gefäß füllen und kalt stellen.

Brotempfehlung: Pumpernickel oder dunkles Vollkornbrot.

Griechische Schafskäse-Pastete

Zubereitungszeit: 40 Minuten, ohne Teiggeh- und Ruhezeit I Backzeit: etwa 40 Minuten I Haltbarkeit: gekühlt etwa 3–4 Tage

Insgesamt: E: 80 g, F: 106 g, Kh: 350 g, kJ: 16743, kcal: 3997 I Raffiniert I 4–6 Portionen

Zutaten

Für den Teig:

350 g Weizenmehl

150 g Weizenvollkornmehl

1 Pck. Dr. Oetker Trockenbackhefe

200 ml lauwarmes Wasser

1 Ei (Größe M)

3 EL Olivenöl

1 gestr. TL Salz

Für die Füllung:

750 g frischer Spinat

2 Zwiebeln

1 Knoblauchzehe

5 EL Olivenöl

frisch gemahlener Pfeffer

geriebene Muskatnuss

300 g Schafskäse

Außerdem:

1 verschlagenes Eigelb

Zubereitung

1 Für den Teig Weizenmehl in einer Schüssel mit Vollkornmehl und Trockenbackhefe sorgfältig vermischen. Restliche Zutaten hinzufügen und mit Handrührgerät mit Knethaken kurz auf niedrigster, dann auf höchster Stufe zu einem glatten Teig verarbeiten. Teig zugedeckt so lange an einem warmen Ort gehen lassen, bis er sich sichtbar vergrößert hat.

2 Für die Füllung Spinat verlesen, dicke Stiele abschneiden. Die Blätter waschen und abtropfen lassen. Zwiebeln und Knoblauch abziehen und fein würfeln.

3 Öl in einem Topf erhitzen. Zwiebel- und Knoblauchwürfel darin andünsten. Spinat hinzufügen, mit Pfeffer und Muskat würzen und zugedeckt etwa 5 Minuten garen, bis der Spinat zusammengefallen ist. Schafskäse zerkrümeln und unter den Spinat rühren.

4 Zwei Drittel des Teiges auf der bemehlten Arbeitsfläche zu einer runden Platte (Ø etwa 30 cm) ausrollen. Teigplatte so in eine Pie- oder Tarteform (Ø 26 cm, gefettet) legen, dass der Rand etwa 1 cm übersteht. Den Boden mehrmals mit einer Gabel einstechen. Spinat-Käse-Masse darauf verteilen.

5 Den Rand über die Füllung legen, mit etwas Eigelb bestreichen. Restlichen Teig auf einer bemehlten Arbeitsfläche zu einem Deckel in Größe der Form ausrollen. In der Mitte des Deckels mit einem runden Ausstechförmchen (Ø etwa 2 cm) ein Loch ausstechen. Teigdeckel auf die Pastete legen. Rand gut andrücken. Den Backofen vorheizen.
Ober-/Unterhitze: etwa 200 °C, Heißluft: etwa 180 °C

6 Teigreste ausrollen. Mit Ausstechförmchen Motive ausstechen. Die Pastetenoberfläche mit Eigelb bestreichen und mit den ausgestochenen Teigmotiven belegen, diese ebenfalls mit Eigelb bestreichen. Die Pastete 15–20 Minuten ruhen lassen. Die Form auf dem Rost in den vorgeheizten Backofen schieben.
Backzeit: etwa 40 Minuten.

Leberterrine

Zubereitungszeit: 1 Stunde, ohne Kühlzeit I Backzeit: etwa 50 Minuten I Haltbarkeit: gut gekühlt etwa 5 Tage
Insgesamt: E: 244 g, F: 300 g, Kh: 82 g, kJ: 16769, kcal: 4003 I Raffiniert I 6–8 Portionen

Zutaten

1 Entenbrustfilet (etwa 250 g)

600 g Geflügelleber, z. B. Hühner- oder Putenleber

Salz

frisch gemahlener Pfeffer

1 EL Speiseöl, z. B. Rapsöl

300 g ungeräucherter frischer Speck

70 g Zwiebeln

2 gestr. TL Salz

1 EL gerebelter Majoran

1 TL gerebelter Beifuß

2 EL Butter

2 EL Weizenmehl

200 g Schlagsahne

100 ml Fleischbrühe

50 g getrocknete Tomaten

125 g Frühstücksspeck in Scheiben

Zubereitung

1 Entenbrustfilet und Geflügelleber unter fließendem kaltem Wasser abspülen, trocken tupfen. Vom Entenbrustfilet die Haut abschneiden und die Haut in kleine Stücke schneiden. Entenbrust längs halbieren, mit Salz und Pfeffer würzen.

2 Speiseöl in einer Pfanne erhitzen. Die Entenbrusthälften darin unter gelegentlichem Wenden etwa 10 Minuten braten, dann erkalten lassen.

3 Geflügelleber eventuell entsehnen, in kleine Stücke schneiden. Speck fein würfeln. Speck-, Entenhaut- und Leberstücke für etwa 10 Minuten tiefgefrieren, dann in einem Blitzhacker fein zerkleinern oder durch einen Fleischwolf mit feiner Scheibe drehen.

4 Zwiebeln abziehen, halbieren, fein würfeln und unter die Lebermasse rühren. Lebermasse mit Salz, Pfeffer, Majoran und Beifuß würzen.

5 Butter in einem Topf zerlassen. Mehl unter Rühren so lange darin erhitzen, bis es hellgelb ist. Sahne und Fleischbrühe hinzugießen und mit einem Schneebesen gut durchrühren, darauf achten, dass keine Klümpchen entstehen. Sauce unter Rühren kurz aufkochen, anschließend etwas abkühlen lassen.

6 Wasser in einem Topf zum Kochen bringen. Tomaten hinzufügen und kurz aufkochen lassen. Tomaten auf einem Sieb abtropfen lassen und in Stücke schneiden. Tomatenstücke und Sauce mit der Lebermasse verrühren. Den Backofen vorheizen.
Ober-/Unterhitze: etwa 180 °C, Heißluft: etwa 160 °C

7 Eine Terrinenform oder hitzebeständige Form (etwa 1,5 l Inhalt) mit den Frühstücksspeckscheiben so auslegen, dass die Scheiben etwas über den Rand hängen. Die Hälfte der Lebermasse in die Form geben und glatt streichen. Entenbrusthälften längs darauflegen, die restliche Lebermasse darauf verstreichen und überhängende Frühstücksspeckscheiben darüberklappen.

8 Die Form im unteren Drittel auf dem Rost in den vorgeheizten Backofen schieben.
Backzeit: etwa 50 Minuten.

9 Leberterrine nach dem Backen erkalten lassen und dann mindestens 3 Stunden kalt stellen. Terrine in der Form servieren.

Titelrezept **Quittengelee Royal** auf der Umschlagvorderseite rechts

Zubereitungszeit: 1 Stunde | Haltbarkeit: kühl und dunkel gestellt etwa 1 Jahr
Insgesamt: E: 3 g, F: 4 g, Kh: 510 g, kJ: 18419, kcal: 4399 | Einfach | 7–8 Gläser je 200 ml

Zutaten

1,5 kg reife Quitten (vorbereitet gewogen)

1,1 l Wasser

1 Beutel Gelfix Classic 1:1 (20 g)

1 kg Zucker

Außerdem:

1 Küchentuch (Mulltuch)

1. Von den Quitten den Flaum mit einem trockenen Tuch abreiben. Quitten abspülen, abtropfen lassen, vierteln, Kerne und Blütenansätze entfernen. Quittenviertel in Stücke schneiden und 1,5 kg abwiegen. **2.** Quittenstücke mit Wasser in einen großen Kochtopf geben, zum Kochen bringen und zugedeckt etwa 40 Minuten bei schwacher Hitze kochen lassen. **3.** Ein Sieb mit einem feuchten Küchentuch (Mulltuch) auslegen. Quittenstücke mit dem Saft hineingeben, abtropfen lassen, dabei den Saft auffangen und 850 ml abmessen. Fruchtsaft in einen großen Kochtopf geben. Gelfix Classic zuerst mit 2 Esslöffeln des Zuckers mischen, dann mit dem Fruchtsaft verrühren. **4.** Die Zutaten unter Rühren bei starker Hitze zum Kochen bringen. Sobald alles bei ständigem Rühren sprudelnd kocht, restlichen Zucker hinzufügen. Alles unter Rühren wieder zum Kochen bringen und unter ständigem Rühren mindestens 3 Minuten sprudelnd kochen lassen. Topf von der Kochstelle nehmen. **5.** Kochgut eventuell abschäumen und sofort randvoll in vorbereitete Gläser füllen. Gläser mit Twist-off-Deckeln® verschließen, umdrehen und etwa 5 Minuten auf den Deckeln stehen lassen.

Titelrezept **Feigen in Calvados** auf der Umschlagvorderseite links

Zubereitungszeit: 15 Minuten | Durchziehzeit: 1–2 Wochen | Haltbarkeit: kühl und dunkel gestellt etwa 6 Monate
Insgesamt: E: 11 g, F: 4 g, Kh: 271 g, kJ: 22930, kcal: 5458 | Einfach | 3–4 Flaschen je 500 ml

Zutaten

12 frische Feigen

150 ml Feigenschnaps

150 ml Apfelschnaps

150 g brauner Zucker

1–1,3 l Calvados zum Auffüllen

1. Feigen gründlich waschen und mit einem Messer rundherum die Schale mehrmals einstechen. Dicht an dicht in ein Schraubglas geben und mit Schnaps und Zucker auffüllen, sodass alle Feigen gut bedeckt sind. An einem hellen, relativ warmen Ort etwa 1–2 Wochen stehen und durchziehen lassen. Das Glas einmal täglich kräftig schütteln. **2.** Anschließend die Feigen mit dem Schnaps auf 3–4 Flaschen verteilen und mit dem Calvados auffüllen, gut verschließen.

Allgemeine Hinweise

Allgemeines

Hinweise zu den Rezepten

Lesen Sie bitte vor der Zubereitung – besser noch vor dem Einkaufen – das Rezept einmal vollständig durch. Oft werden Arbeitsabläufe oder -zusammenhänge dann klarer.

Zutatenliste

Die Zutaten sind in der Reihenfolge ihrer Verarbeitung aufgeführt.

Arbeitsschritte

Die Arbeitsschritte sind einzeln hervorgehoben, in der Reihenfolge, in der wir sie ausprobiert haben.

Abkürzungen

EL	=	Esslöffel
TL	=	Teelöffel
Msp.	=	Messerspitze
Pck.	=	Packung/Päckchen
g	=	Gramm
kg	=	Kilogramm
ml	=	Milliliter
l	=	Liter
evtl.	=	eventuell
geh.	=	gehäuft
gestr.	=	gestrichen
TK	=	Tiefkühlprodukt
°C	=	Grad Celsius
ø	=	Durchmesser

Kalorien-/Nährwertangaben

E	=	Eiweiß
F	=	Fett
Kh	=	Kohlenhydrate
kJ	=	Kilojoule
kcal	=	Kilokalorie

Alphabetisches Register

Gebäck & Konfekt

Eingemachtes & Liköre

Pikante Genüsse

Genehmigte Lizenzausgabe für Verlagsgruppe Weltbild GmbH, Steinerne Furt, 86167 Augsburg

Redaktion: Jasmin Gromzik, Miriam Krampitz
Innenfotos: Walter Cimbal, Hamburg (S. 35, 37, 39, 47); Thomas Diercks, Christiane Krüger, Hamburg (S. 9, 21, 24, 25, 29, 30, 33, 40, 41, 43, 51, 52, 53, 56, 73, 82, 84, 85, 86, 87, 89, 91, 92, 93, 94, 95, 97, 98, 100, 101, 102, 103, 110, 113, 117, 118, 119); Ulli Hartmann, Halle/Westf. (S. 11, 17, 19, 45, 48); Bernd Lippert (S. 23, 65, 77, 81, 105, 107); Christiane Pries, Borgholzhausen (S. 64); Hans-Joachim Schmidt, Hamburg (S. 111); Axel Struwe, Bielefeld (S. 54, 55, 57, 58, 59, 60, 61, 62, 66, 67, 68, 69, 71, 72, 74, 75, 76, 79, 80, 83, 99, 109, 115, 120, 121, 123, 125); Brigitte Wegner, Bielefeld (S. 7, 13, 15, 27, 28); Winkler Studios, Bremen (S. 49); Bernd Wohlgemuth, Hamburg (S. 31)
Grafisches Konzept: kontur:design GmbH, Bielefeld
Gestaltung und Satz: MDH Haselhorst, Bielefeld
Umschlaggestaltung: Coverdesign Uhlig, Augsburg
Umschlagmotiv: StockFood GmbH, München (Ellert, L.)
Gesamtherstellung: Firmengruppe APPL, aprinta druck, Wemding
Printed in the EU

978-3-8289-1400-1

2011 2010 2009
Die letzte Jahreszahl gibt die aktuelle Lizenzausgabe an.